Königstein

im Taunus mit
Falkenstein, Schneidhain,
Hammolshain und dem
Rettershof

Einführung von Helmut Bode
Aufnahmen von Günter Romann
Rudolf Krönke u.a.
Zeichnungen von Joachim Romann

Verlag von Waldemar Kramer
in Frankfurt am Main

ISBN 3–7829–0295–5.

Gemälde, Stiche und Gouachen: Farbtafel I: Textautor, Farbtafel II: Goethe-Museum, Düsseldorf. Hessisches Landesmuseum, Darmstadt: S. 100/101, 104. Historisches Museum, Frankfurt a. M.: 108,128. Das Hans Thoma-Bild auf S. 124 wurde reproduziert nach: Hans Thoma. 100 Gemälde aus deutschem Privatbesitz. Herausgegeben von Ludwig Justi. 2. Amtl. Veröffentlichung der National-Galerie. Berlin, 1922.

Photos: Stadtarchiv Königstein S. 99. Rudolf Krönke, Königstein: Einbandbild, Farbtafeln III, IV, V, VI, VIII, S. 77, histor. Aufnahme S. 118. Heinz Sturm-Godramstein: S. 106, 112, 113, 117, 118 unt., 120 ob. Helmut Dornauf, Frankfurt a. M.: S. 125, 127, 130 ob., 131, 132. W. Gottwald, Koblenz: S. 102, 103 (mit Genehmigung von Herrn Prälat Pick, St. Kastor, Koblenz). Alle anderen Aufnahmen: Günter Romann, Frankfurt a. M.

Die Wappen wurden nach Humbracht und Siebmacher, die anderen Textbilder und das Titelblatt von Joachim Romann, Kronberg-Schönberg gezeichnet.

Gesamtherstellung: W. Kramer & Co. Druckerei-GmbH., Frankfurt am Main.

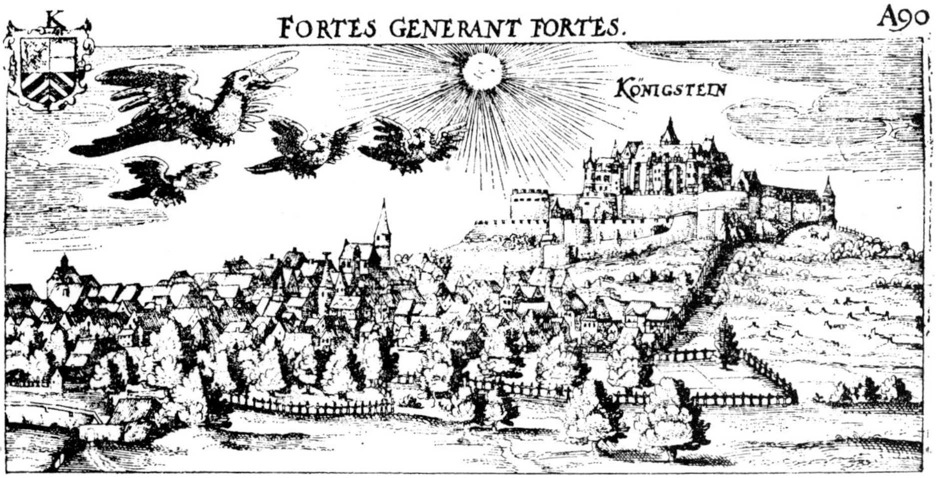

Aus Daniel Meißners „Schatzkästlein", Frankfurt a. M., 1623 ff.

Unter den Mittelgebirgen Hessens ist der Taunus eines der schönsten und am meisten besuchten. Sich vom Rheinknie bei Rüdesheim bis zur Wetterauer Senke bei Bad Nauheim erstreckend, weist er seine größte landschaftliche Vielfalt, verbunden mit einer oft schon südlich wirkenden Anmut, im östlichen Teil auf, zwischen Hofheim und Bad Homburg, dort also, wo er zur Mainebene hin abfällt. Man nennt dieses Gebiet heute allgemein den Vordertaunus und unterscheidet es damit vom Hochtaunus, dem eigentlichen Gebirgskamm, wie von der jenseits des Kammes sich lahnwärts hinziehenden Hochfläche, dem Hintertaunus.
Charakteristisch für die Vordertaunuslandschaft ist, daß das Gebirge nicht jäh zur Ebene hin abfällt, der Abfall sich vielmehr über eine Treppe, eine Vorstufe vollzieht, die zum Teil im Diluvium, dem Eiszeitalter, eingebrochen ist, wobei als größte Einbrüche die Homburger und die Hornauer Bucht entstanden. Durch das Absinken weiterer eingebrochener Teile ist ein sehr reizvoller Wechsel von stehengebliebenen Höhen und von Bächen durchströmten Tälern entstanden, eine Wanderlandschaft, deren Schönheit sich ganz nur dem Fußgänger, teilweise aber auch dem Autofahrer erschließt, wenn dieser sich Zeit läßt.
Von den alten Straßen, die, vom Main her kommend, das Gebirge überwinden, erreicht die eine den Taunuskamm bei der Saalburg, wo also die Römer mit gutem Grund ein Kastell errichteten. Die andere überschreitet ihn beim „Roten Kreuz" und folgt dann dem Lauf der am Feldberg entspringenden Weil (Römerkastell am Kleinen Feldberg). Dieser zweiten Straße, der mittelalterlichen Reichsstraße, die Frankfurt mit

Köln, Aachen und den Niederlanden verband, verdanken die alten Wehrbauten, die zum Gesicht der Vordertaunuslandschaft gehören, ihre Entstehung und mit ihnen auch die Siedlungen, die sich zu ihren Füßen gebildet haben.
Zwei dieser Bauten erblickt man schon von weitem, wenn man von Frankfurt her der lieblich geschwungenen Gebirgswand zufährt, mit dem Altkönig als beherrschendem Mittelpunkt: Burg Kronberg und den Turm der Ruine Falkenstein. Bad Homburg mit seinem Schloß bleibt unsichtbar im Osten. Auch die anderen Wehrbauten liegen versteckter, Königstein, Eppstein und, schon jenseits des Kammes, Reifenberg. Während Eppstein, an der Grenze der alten Wettereiba liegend, die ja viel größer war als die heutige Wetterau, jene Straße sicherte, die in den „Königssundragau" und nach Wiesbaden führte, dienten Falkenstein, Kronberg und Königstein dem unmittelbaren Schutz der Kölner Straße, die, von Frankfurt über Schwalbach und den Hardtberg heraufkommend, zwischen dem Königsteiner und Falkensteiner Burgberg zur „Höhe" hinaufzieht. – „Die Höhe", so hieß das Gebirge schlichtweg vom Mittelalter bis ins 19. Jahrhundert hinein. Ein Frankfurter, der auch mit Goethe bekannte Poet und Diplomat Johann Isaac von Gerning, war es, der die alte römische Bezeichnung „Taunus", die vielleicht auf das keltische, ebenfalls „Höhe" bedeutende „dun" zurückgeht, wieder hervorholte, und diese hat sich heute so allgemein durchgesetzt, daß die mittelalterliche „Höhe" nur noch als Zusatz zu einigen Ortsnamen weiterlebt.
Unter den Wehrbauten des Vordertaunus ist Königstein der größte, und aus welcher Richtung der Windrose man sich auch der Stadt nähert, immer wird die mächtige Festungsruine zuerst das Auge auf sich ziehen. Am schönsten ist wohl der Blick von der Höhe des Hardtbergs, wenn man von Frankfurt oder Höchst über Bad Soden und Neuenhain heraufgekommen ist. Die Stadt selbst schmiegt sich in ihrem alten Teil am Osthang des Burgbergs in eine leichte Talsenke, doch längst haben die neuen, in den letzten Jahrzehnten des 19. und im 20. Jahrhundert entstandenen Häuser die benachbarten Hänge besetzt, und dieses Wachstum ist auch jetzt noch nicht abgeschlossen, hat sich sogar neuerdings in modernen Hochbauten, glücklicherweise am Stadtrand, fortgesetzt.
Und wie herrlich ist der Rahmen, der Festung und Stadt umgibt! Nach Westen und Südwesten bilden ihn die Höhen vom Eichkopf und Steinkopf bis zum Rossert und Staufen, nach Norden die beiden Feldberge, nach Nordosten und Osten Altkönig und Falkensteiner Burgberg, während sich von Südosten, von Kronberg her, das offene Gelände der Helbigshainer Wiesen erstreckt.
Dieser unvergleichlichen Lage verdankt Königstein seinen Ruf als Kur-

stadt. Zwischen 340 und 450 Metern über dem Meeresspiegel gelegen, nimmt es an allen Vorzügen einer solchen Mittelgebirgslage teil, bleibt jedoch durch die es umgebenden Berge geschützt vor rauhen Nord- und Nordwestwinden. Die moderne bioklimatische Forschung hat festgestellt, daß hier von Mai bis November ein spezifisches „Schonungsklima“, in den übrigen Monaten des Jahres hingegen ein „reizschwaches“ Klima herrscht. Seit 1935 ist Königstein heilklimatischer Kurort, gehört zur obersten Stufe der deutschen Klima-Kurorte mit ganzjähriger Kurzeit. Es wird ärztlich empfohlen vor allem bei allgemeinen und nervösen Erschöpfungszuständen, bei Asthma, Kreislaufstörungen und zur Rekonvaleszenz, erfreut sich aber auch bei Gesunden als Tagungs- und Ferienort großer Beliebtheit.
Es fällt dem Kurgast nicht schwer, sich in Königstein zurechtzufinden und wohlzufühlen. Alles ist hier leicht überschaubar, hat jene angenehme mittlere Dimension, wie man sie von einem Kurort erwartet. Die alteingesessenen Königsteiner sind Rheinfranken, fleißige, aufmerksame und lebenstüchtige Menschen. Daneben aber ist die Stadt „Wohnvorort“ von Frankfurt, vor allem auch von dessen industriellen Stadtteilen Griesheim und Höchst, die über Bad Soden schnell und bequem erreichbar sind.
Wer den alten Königsteiner Ortskern durchwandert, wird bemerken, daß es kaum Bauten gibt, die über das 18. Jahrhundert hinaus in die Vergangenheit zurückreichen, und daß das Stadtbild weniger geschlossen wirkt als das anderer Taunusstädte. Dies erklärt sich leicht aus der wechselvollen Geschichte von Burg und Festung, Stadt und Herrschaft Königstein, die nun wenigstens in großen Zügen skizziert sei.
Die Sagenerzähler wollen wissen, daß Chlodwig, der Frankenkönig aus der Merowinger-Dynastie, der Gründer Königsteins gewesen ist. Einst, so berichten sie, habe dieser sich auf der Jagd verirrt und sei, um Umschau zu halten, auf den Bockberg, den heutigen Burgberg, gestiegen. Als er, rastend, in Gedanken mit dem Speer ein Kreuz auf den Boden zeichnete, habe sich das Gestein gespalten, und eine Jungfrau sei erschienen, die ihm Kruzifix und Lorbeerkranz entgegengehalten und verkündet habe: „In diesem Zeichen wirst du über die Alemannen siegen. Kehre nach gewonnener Schlacht als Christ hierher zurück und ritze das Zeichen abermals in den Fels. Dann wird der Zauber, der mich gefangenhält, gebannt sein. Chlodwig zog bei Zülpich unter dem Kreuzzeichen in die Schlacht, besiegte die alemannischen Scharen, ließ sich taufen und eilte dann zurück in den Taunus. Als sein Speer das Kreuz in den Boden zeichnete, entstieg dem Fels eine schöne weiße Taube, umkreiste dreimal den Berg und entschwand dann im Blau des Äthers.

Chlodwig aber gründete auf dem Bockberg eine Burg und im nahen Tal eine Kapelle. Die Burg erhielt den Namen „Saxum regis“ – Stein des Königs, Königstein.

Die Geschichtswissenschaft will von dieser romantischen Sage freilich nichts wissen. Für sie beginnt die Geschichte Königsteins mit der ersten erhaltenen Urkunde, und diese stammt erst aus dem Jahre 1215. In einer Handschrift des Mainzer Stephansstiftes, in der dessen Verluste im Pfarrsprengel Schloßborn aufgezählt werden, erscheint ein Arnold de Kunegistein, der dem Stift den Zehnten von Dietzelshain weggenommen hatte. Wie schon die Namen Königstein und Kronberg besagen, wurden die beiden Burgen vom König, von der Krone angelegt, waren also Reichslehen. Der Geschichtsschreiber der Herrschaft Königstein, Dr. Otto Stamm, hat auf die auffallende Ähnlichkeit beider Burgen in ihrer Anlage und ihren ältesten Bauteilen hingewiesen. „Die Gründung beider Reichsburgen“, so schreibt er, „steht im Zusammenhang mit dem Aufstieg des Pfalzortes Frankfurt unter den Staufern. Die ganze Wetterau wurde ja von diesem Mittelpunkt aus mit einem Netz von Reichsstädten

Matthäus Merian, Königstein, 1646

und Reichsburgen, entlang den bedeutendsten Reichsstraßen, überzogen. Königstein und Kronberg bildeten die nordwestliche Deckung dieses wichtigen Durchgangslandes in der werdenden terra imperii."
Zu einer umfassenden Organisation des geplanten staufischen Königslandes, das sich südlich von Main und Rhein in der Pfalz und im Elsaß fortsetzte, ist es leider nicht gekommen; die deutsche Geschichte hätte sonst vielleicht einen andern Verlauf genommen. Die Entstehung der Reichsburgen Königstein und Kronberg fällt vermutlich in die Regierungszeit Kaiser Friedrichs I., des Rotbarts. Urkunden und Daten liegen uns nicht vor.
Von der ersten Familie, die sich nach der Reichsburg „von Königstein" nannte, tauchen zwar seit 1215 verschiedene Namen auf, doch weiß man im ganzen nur sehr wenig von ihr. Schon im Jahre 1239 befindet sich die Burg als Reichslehen im Besitz der Herren von Hagen-Münzenberg, die im Maingebiet und in der Wetterau zu großem Ansehen gelangt waren und unter anderm auch die Dreieich, den großen königlichen Wildbann südlich von Frankfurt, verwalteten. Anno 1252 saßen auf Burg

Königstein wahrscheinlich schon 13 ihrer Burgmannen mit ihren Reisigen. Man nimmt an, daß wesentliche Teile des ersten Baus von Kuno von Münzenberg, dem Reichskämmerer, stammen, was jedoch frühere Wehranlagen auf dem Burgberg nicht ausschließt. So weiß man z.B. nicht, wer den weiten Mauerzug errichtet hat, dessen Reste sich westlich und unterhalb der heutigen Festungsruine befinden und der den Grabungen zufolge vermutlich aus dem hohen Mittelalter stammt. Auch über die Rolle der Nuringer, die wir beim Überblick über die Geschichte Falkensteins näher kennenlernen werden, ist bisher urkundlich nichts bekannt geworden.

Ulrich II., der letzte männliche Sproß derer von Hagen-Münzenberg, starb 1255 in einer Fehde mit den Grafen von Katzenelnbogen. Schon drei Jahre vor seinem Tode hatte er Königstein seinem Schwager, dem königlichen Truchseß und Kämmerer Philipp I. von Bolanden-Falkenstein, überlassen. Die Stammburgen der Bolander, Alt- und Neu-Bolanden, liegen in der Pfalz, im heutigen Kreis Kirchheimbolanden. Die jüngere Linie nannte sich nach der Reichsdienstmannenburg Falkenstein am Donnersberg Bolanden-Falkenstein. Im Besitz dieser pfälzischen Falkensteiner blieb Königstein wiederum bis zum Aussterben des Geschlechts in männlicher Linie, bis 1418.

Schon um 1239 bestand bei der Burg eine kleine Siedlung, die gegen 1280 den Charakter eines Städtchens angenommen hatte. Die Stadtrechte erwirkte Philipp III. von Falkenstein am 27. Februar 1313 bei König Johann von Böhmen, dem Reichsverweser Kaiser Heinrichs VII. Die Falkensteiner waren ein sehr fehdelustiges Geschlecht, und im Verlauf des 14. Jahrhunderts litten Burg und Stadt unter diesen Fehden, wurden mehrfach belagert und eingenommen. Während einer Auseinandersetzung Philipps VI. mit den Reifenbergern haben reifenbergische Ritter und Mannen 1374 Königstein erstürmt. Zweimal wurden auch Stadt und Herrschaft Königstein verpfändet, darunter von dem letzten Falkensteiner überhaupt, Werner III., Erzbischof von Trier, der 1418 verstarb und dessen eindrucksvolles Grabmal sich zu St. Castor in Koblenz befindet. Die Tumba auf der rechten Chorseite wurde etwa fünfzig Jahre später errichtet, die Malerei ist zerstört. Auf der linken Chorseite erinnert ein ebenso wuchtiges Grabmal an Werners Großonkel und Vorgänger im Trierer Erzbischofsamt, Cuno III. von Falkenstein, der 1387 verstarb. Monument und Malerei entstanden noch im 14. Jahrhundert. Die Malerei wird Meister Wilhelm von Köln zugeschrieben. Die liegende Gestalt Cunos (über ihn mehr in der Geschichte Falkensteins) gilt als eines der frühesten Beispiele dafür, in der Plastik keine Idealgestalten mehr zu schaffen, sondern Porträtähnlichkeit zu erreichen. Bezeichnend für das

Zurücktreten Falkensteins bei den Bolandern ist, daß Werner in der Grabinschrift „Wernerus de Koenigsteyn“ genannt wird.
Königstein fiel an zwei Neffen Werners, Gottfried VII. und Eberhard II. von Eppstein. Unter den Eppsteinern, deren letzter, Eberhard IV., 1535 kinderlos verschied, erfuhren Burg und Stadt Königstein einen bedeutenden Aufschwung. Die Burg wurde weiter ausgebaut und nahm allmählich den Charakter einer kleinen, wohlbefestigten Residenz an, in der Stadt aber wurde eine neue Kirche errichtet. Außerdem entstand 1466 unter Eberhard III. ein Kollegiatstift der „Brüder vom gemeinsamen Leben“, einer von den Niederlanden ausgegangenen religiösen Gemeinschaft, die sich große Verdienste um die Volksbildung, das Schulwesen, das Abschreiben von Manuskripten und später auch den Druck von Büchern erworben hat. Nach ihrer Kopfbedeckung, der Gugelmütze, wurden die Brüder auch Gugel- oder Kugelherren genannt, und das Kugelherrenhaus war eines der stattlichsten Gebäude Alt-Königsteins.
Die Schwester des letzten Eppsteiners, Anna, war mit dem Grafen Botho von Stolberg aus dem bekannten, vom Harz stammenden Geschlecht verheiratet, und mit kaiserlicher Genehmigung setzte Eberhard IV. deren dritten Sohn, seinen Neffen Ludwig, zum Erben ein. So kam Königstein von 1535 bis 1581 unter die Herrschaft der Stolberger. Ludwig von Stolberg baute, um seine Neutralität im Schmalkaldischen Krieg behaupten zu können, die Burg Königstein festungsmäßig aus. Sein Nachfolger wurde sein Bruder Christoph, der am 8. August 1581 kinderlos starb. Zwar hatte er versucht, das Reichslehen Königstein für seine Sippe zu

Die Herrschaft Münzenberg.

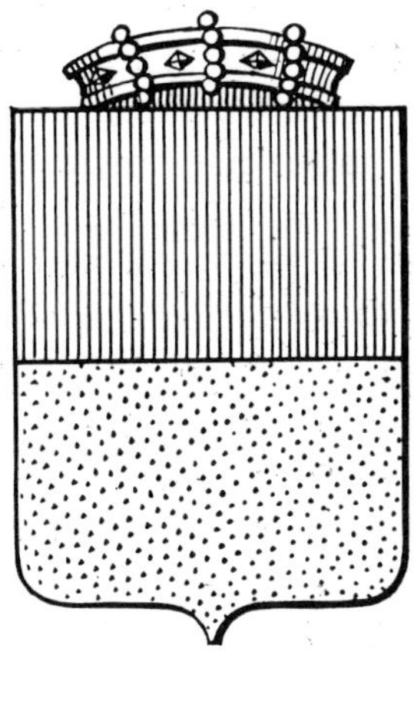

Reifenberg

sichern, aber Daniel Brendel von Homburg, Kurfürst von Mainz, war ihm zuvorgekommen, hatte bei Kaiser Rudolph II. eine sogenannte Exspektanz-Belehnung für sich erwirkt, das heißt, er hatte sich schon 1575 die geheime Zusicherung geben lassen, daß Königstein nach Christoph von Stolbergs Tod als erledigtes Lehen betrachtet und neu an das Kurfürstentum Mainz verliehen werden sollte.
Die Stolberger mußten zum Ausbau der Burg hohe Summen aufbringen und waren daher mehrmals so verschuldet, daß sie ebenso wie die Eppsteiner die Stadt Königstein gelegentlich verpfändeten. Im Jahre 1540 führten sie die Reformation in Königstein ein. Der erste Stadtpfarrer, der sich zu Luthers Lehre bekannte, war der Prokurator des Kugelherrenhauses, Johannes Bingen. Er verließ das Stift, ging eine Ehe ein und bezog mit seiner Frau Anna ein eigenes Häuschen, fiel aber, als 1542 und 1544 die Pest im Taunus umging, als eines ihrer Opfer. Die eigentliche Reformation wurde durch den aus Rohrbach bei Heidelberg stammenden, wahrscheinlich von Melanchthon gesandten Heidelberger Licentiaten Martin Brechtel bewerkstelligt.
Nach Christoph von Stolbergs Tod versuchte sein Bruder Albrecht Georg, ebenfalls unverheiratet, die Regierung der Herrschaft Königstein zu übernehmen, doch schon am 11. August 1581, noch ehe der Tote zur Erde gebracht worden war, erschien eine mainzische Abordnung und forderte im Namen des Kaisers die Übergabe von Schloß und Herrschaft. Albrecht Georg weigerte sich zunächst, gab aber nach, als Mainz zur Belagerung zu schreiten begann. Er verließ Königstein am 25. August 1581 für immer, nachdem die Festung vier Tage früher von den Kurmainzern besetzt worden war. Diese Besetzung bedeutet faktisch das Ende der selbständigen Herrschaft Königstein, deren Geschichte Dr. Otto Stamm erforscht und dargestellt hat.
Die Anfänge dieser Herrschaft gehen mit kleinerem und größerem Streubesitz bis ins 13. Jahrhundert zurück. Um 1543 umfaßte sie, außer Territorien um Königstein selbst, solche um Hofheim, bis Sindlingen am Main, und von Schönberg, Oberhöchstadt und Steinbach aus bis in die Wetterau hinein (Vilbel, Rodheim, Oberwöllstadt). Nach dieser Zeit führten die Geldnöte der Stolberger zu verschiedenen Gebietsverlusten. Kurmainz war schon damals hinter dem Königsteiner Besitz her, bis es dann 1581 den größten Teil an sich ziehen und zu einem Oberamt innerhalb des Kurstaates umgestalten konnte. Dennoch blieb die Herrschaft Königstein formal bis zum Ende des Heiligen Römischen Reiches bestehen. So führt sie Anton Friedrich Büsching auch in seiner bekannten „Erdbeschreibung“ auf. „Sie liegt in der Wetterau, an einem Gebirge, welches die Höhe genennet wird“, heißt es da (7. Teil, 7. Ausgabe von

1790), und nachdem der Autor die Geschichte der Herrschaft bis zur Besitzergreifung durch Kurmainz skizziert hat, schreibt er weiter: „1590 sahen sich die Grafen von Stolberg zu einem Vergleich mit dem Erzstift Maynz genöthiget, in welchem sie fast der ganzen eppsteinischen Herrschaft, die gemeiniglich (aber, wie Stolberg sagt, irrig) die Grafschaft Königstein genennet wird, entsagten, Chur-Maynz aber sich verpflichtete, ihnen in etlichen Zielern baar 300000 Fl. zu zahlen. Allein, die Grafen von Stolberg erklärten bald hernach diesen Vergleich für unbillig, beschwerten sich auch, daß Chur-Maynz denselben nicht erfüllet habe. Der Proceß, der darüber entstanden, ist noch bey dem Reichshofrath anhängig.“ Als kurmainzischen Anteil verzeichnet Büsching: „Königstein, ein offenes Städtchen, welches Eigenthum, das bey demselben auf einem hohen Felsen liegende feste Schloß aber Reichslehn ist“, Oberursel, „eine kleine Stadt“, Kellerei und Dorf Neuenhain, die Kellerei Vilbel (mit Hanau gemeinsam), den Flecken Vilbel, die Kellerei Rockenberg und das Schloß und Pfarrdorf Rockenberg. Der den Stolbergern verbliebene Anteil war unter zwei Linien aufgeteilt. Das fürstliche Haus Stolberg-Gedern besaß Gedern, Volkershain, Usenborn und Ranstadt, das gräfliche Haus Stolberg-Roßla zwei Drittel von Städtchen und Schloß Ortenberg, die Dörfer Ober-, Mittel- und Unterseemen, Hirzenhain, Steinberg sowie Anteile an Stadt und Schloß Münzenberg und am Dorfe Heuchelheim.

Eine der ersten Amtshandlungen nach der Besetzung Königsteins durch die Mainzer war die Inventarisierung des Schlosses, die gemeinsam von kaiserlichen, mainzischen und stolbergischen Beauftragten vorgenommen wurde. Das Inventar, das sich im Ortenberger Archiv erhalten hat, nennt über 140 Räume, darunter einen „Großen Saal", ein „grünes oder gehörntes Sälgen", ein großes Archiv, eine Silberkammer, eine Rüstkammer und ein Zeughaus, alles trotz der stolbergischen Finanznöte gut eingerichtet. Auch war die Veste reichlich mit Geschütz und Kugeln versehen.
Kurmainz ging bei der Übernahme von Stadt und Veste Königstein sehr behutsam vor. Viele stolbergische Beamte traten in die Dienste des Kurstaates, und die Einwohner der Stadt wurden zunächst bei ihrem evangelischen Glauben belassen. Erst als sie sich an die neue Herrschaft gewöhnt hatten, schritt man unter den Erzbischöfen und Kurfürsten Johann Adam von Bicken und Johann Schweikart von Cronberg zur Rekatholisierung. Der evangelische Pfarrer, der Kaplan und der Lehrer mußten gehen, und die Einwohner fügten sich nach zähem aber zuletzt vergeblichem Widerstand.
Anno 1613 fiel die „geschwindt Sterbzeit", die Pest, im Taunus ein und raffte so viele Königsteiner Bürger hinweg, daß länger als ein Jahr nicht einmal Gerichtssitzungen abgehalten wurden. Der Dreißigjährige Krieg brachte neues Unglück über die Stadt, Mainz baute zwar die Festungsanlagen der Stolberger noch weiter aus, dennoch wurden Stadt und Schloß kurz vor Weihnachten 1631 von dem mit den Schweden verbündeten Landgrafen Wilhelm von Hessen belagert und nach dreitägiger Beschießung eingenommen. Gustav Adolf von Schweden verfügte vom eroberten Mainz aus die Rückgabe des Oberamts Königstein an Graf Heinrich Vollrath von Stolberg. So kamen die Stolberger 1632–1635 noch einmal nach Königstein zurück. Ihre Versuche, die Bürger zu einem abermaligen Konfessionswechsel zu bewegen, blieben jedoch erfolglos. Diese waren inzwischen zum größten Teil „gut Meyntzisch" geworden und begrüßten die Rückkehr der Mainzer Verwaltung am 5. Dezember 1635. In diesem Jahr wütete abermals die Pest. So ging die Stadt, durch Seuchen, Beschießung, Kontributionen und Plünderungen sehr geschwächt, verarmt aus dem Dreißigjährigen Kriege hervor. 1655 wurden nur 51 Bürger und 6 Witwen gezählt.
Die Festung ließ Mainz 1660–1670 nach den neuen Lehren des französischen Festungsbaumeisters Vauban abermals stark umgestalten und ausbauen. Außerdem wurde sie Mainzer Staatsgefängnis. Der bekannteste Königsteiner Gefangene des 17. Jahrhunderts war der Domherr Philipp Ludwig von Reifenberg, dem man 1668 zu Erfurt den Prozeß

gemacht hatte. Wegen angeblicher „sittlicher Verfehlungen" und „staatsfeindlicher Konspiration" wurde er zu lebenslänglicher Haft verurteilt. Abgesehen von einer kurzen Zeit der Rehabilitierung und Freiheit (1673 bis 1676) verbrachte er den ganzen Rest seines Lebens zwischen den Mauern der Königsteiner Veste und starb, geistig umnachtet, 1686 als letzter männlicher Nachkomme der Wetterauer Linie der Reifenberger. Kurmainz hatte sich schon vor seinem Tode der Herrschaft Reifenberg bemächtigt, vermochte aber den Erben Lothar Franz Graf von Bassenheim nicht aus seinem Besitz zu vertreiben. Wahrscheinlich ist Philipp Ludwig ein Opfer der Kurmainzer Machtpolitik geworden, die auf die Einverleibung aller kleinen Herrschaften abzielte, welche das Unglück hatten, vom Gebiet des Kurstaates umgeben zu sein. Auch Kronberg entging ja diesem Schicksal nicht, nachdem der letzte derer von Kronberg 1704 verstorben war.

Das Kugelherrenstift hatten die letzten fünf im Kugelhause wohnenden Brüder 1540 dem Grafen Ludwig zu Stolberg-Königstein übergeben, mit allen Einkünften und allem Grundbesitz, wofür der Graf sich verpflichtete, die Pfarrer- und Kaplanstelle aufs beste versehen und besolden zu lassen, Kirche, Kapellen, Pfarrhaus und Schule zu unterhalten. Von 1581 an gingen die Gefälle des Stifts an die kurmainzische Rentei.

Die geistlichen Nachfolger der Kugelherren wurden die Kapuziner, ein Orden, der um 1517 in Italien als strengere Richtung der Franziskaner entstanden war. Er forderte von seinen Mitgliedern die strengste „evangelische Armut". Auch die Kirchen und Klöster sollten so einfach wie möglich gehalten werden. In den rheinischen Raum kamen die Mönche in den derben braunen Kutten auf Betreiben der drei geistlichen Kurfürsten. 1610 entstand das Kölner Kapuzinerkloster. Dann folgten Trier, Bonn, Mainz, Münstereifel, Aschaffenburg und andere. In Königstein hielten die Kapuziner am 6. März 1646 ihren Einzug in das verlassene Kugelherrenhaus, das an der Stelle des heutigen Hauses Woogtalstraße 1 stand, aber schon so baufällig war, daß sie nach etwa zwei Jahren in das sogenannte „Burghäuslein" umzogen, das später Schauersche Haus am Ende der Kugelherrenstraße. Doch auch hier klagten sie, daß sie Wind und Wetter allzu sehr ausgesetzt seien und weder Brunnen noch Garten hätten. 1681 schenkte ihnen Kurfürst Anselm Franz Freiherr von Ingelheim den sogenannten „Stechgarten", den einstigen ritterlichen Turnierplatz, im wesentlichen das Gelände des heutigen Parkplatzes gegenüber dem Rathaus. Um billiges Baumaterial zu gewinnen, brach man das alte Kugelherrenhaus samt der zugehörigen Kirche ab. Am 3. September 1685 wurde die neue Kapuzinerkirche zu Ehren des Heiligen Antonius von Padua geweiht, und in der Folgezeit waren die Kapuziner eifrig bemüht, das katholische Leben in Königstein und seiner Umgebung zu aktivieren. Zwei Jahre verbrachte auch Pater Martin von Cochem, Verfasser von über siebzig religiösen Schriften und Büchern, im Kapuzinerkloster Königstein. Sein „Leben Christi" von 1677 hat sich bis in unser Jahrhundert hinein gehalten.

Seine Festungskommandanten und Oberamtmänner nahm Mainz aus dem Adel der mittelrheinischen Reichsritterschaft, ließ aber auch Bewerber aus anderen Gebieten zu. Als Oberamtmänner fungierten in Königstein seit 1636 Dietrich von Rosenbach, Georg Philipp von Greiffenclau, drei Generationen der Freiherren von Bettendorf und Franz Karl Philipp Reichsgraf zu Ingelheim. 1781 wurde im Zuge der großen Mainzer Verwaltungsreform das Oberamt Königstein mit dem Oberamt Höchst-Hofheim zusammengelegt, und Höchst am Main wurde neuer Sitz der Verwaltung.

Im Verlauf des Pfälzischen Erbfolgekrieges erlebte Königstein 1688 eine französisch-hessische Invasion. Die Festung kapitulierte nach kurzer Belagerung. Dasselbe geschah 1745 während des Österreichischen Erbfolgekrieges, obwohl Kurmainz neutral geblieben war. Unter den einrückenden Franzosen befanden sich auch preußische Offiziere. Als Gegner haben dann Franzosen und Preußen in der Folge den Untergang des alten Königstein herbeigeführt. Als die Armeen der französischen Revolution über den Rhein vorstießen, kapitulierte Mainz, obwohl es

Königstein. Englische Lithographie, 19. Jahrhundert

Georg Melchior Kraus, Die Burgen Königstein und Falkenstein (1801)

sich gut hätte halten können, am 21. Oktober 1792 vor General Custine. Die deutschen „Kollaborateure“, unter ihnen Johann Georg Forster, arbeiteten danach im Jakobiner-Klub mit den französischen „Freiheitsmännern“ zusammen, vom Volk schlichtweg „Klubbisten“ genannt. Die Besatzung Königsteins, meist aus Invaliden bestehend, übergab die Veste kampflos den Franzosen, als diese am 28. Oktober vor der Stadt und Festung erschienen. Am 5. Dezember kam es zum ersten Scharmützel zwischen den Franzosen und den aus der „Campagne in Frankreich“, an der auch Goethe teilgenommen hatte, zurückgekehrten preußischen Einheiten. Nachdem die französische Festungsbesatzung unter Capitaine Meunier die Kapitulationsaufforderung der Preußen unter dem Prinzen Hohenlohe abgelehnt hatte, ging die preußische Artillerie unterhalb des Falkensteiner Burgbergs, auf dem Hardtberg und Romberg in Stellung und begann am 6. Dezember mit der Beschießung Königsteins, die am 8. Dezember von allen Seiten her fortgesetzt wurde, jedoch in der Stadt mehr Schaden anrichtete als oben auf der Festung. 46 Wohnhäuser und viele Scheunen brannten nieder, auch Kapuzinerkloster und Kapuzinerkirche erlitten schwere Schäden. Zahlreiche Einwohner Königsteins flohen in Nachbarorte. Wer blieb, litt unter der danach einsetzenden preußischen Blockade, die am 8. März 1793 zur Kapitulation der Franzosen führte. 14 Offiziere und 421 Soldaten zogen nach Frankfurt in die Gefangenschaft. Die Preußen quartierten sich in den stehengebliebenen Häusern ein, die Festung wurde wieder von kurmainzischen Soldaten besetzt. Am 23. Juli mußten die Franzosen nach der ebenfalls von Goethe geschilderten Belagerung und Beschießung auch Mainz übergeben.

Die in Mainz in Gefangenschaft geratenen „Klubbisten“ wurden nach Königstein gebracht und bald darauf in einem derben literarischen Pasquill „Die Mainzer Klubbisten zu Königstein“ verspottet. Auch Frauen kamen auf die Festung, unter ihnen Caroline Michaelis, die Freundin Forsters, der als Abgeordneter nach Paris gegangen war, die später als die Gattin August Wilhelm Schlegels und schließlich Friedrich Schellings eine der markantesten Frauengestalten der deutschen Romantik geworden ist. Sie hatte Mainz noch bei währender Belagerung am 30. März verlassen und war nach Frankfurt gelangt, dort aber aufgegriffen und nach Königstein gebracht worden. In ihren Briefen hat sie sich bitter über ihr Los beklagt. „Es ist doch das härteste, was einem Weibe begegnen kann, in eine so ernstliche Gefangenschaft zu gerathen“, heißt es gleich im ersten Brief an den Gothaer Hofrat Gotter und dessen Frau Luise, ihre Freundin, vom 19. April 1793. Als es ihr dann endlich Mitte Juni geglückt ist, nach Kronberg und in ein Privatquartier zu kommen, schreibt sie, auf das Erlebte zurückblickend und sich über ihre Briefpartner entrüstend, die sie aus der sicheren Ferne mit Galanterien abspeisen: „Gehen Sie hin, lieber Gotter, und sehn Sie den schrecklichen Aufenthalt, den ich gestern verlaßen habe – athmen Sie

Übergabe der Festung Königstein an die preußische Armee, 1793.

die schneidende Luft ein, die dort herrscht – laßen Sie sich von dem, durch die schädlichsten Dünste verpesteten Zugwind durchwehn – sehn Sie die traurigen Gestalten, die Stundenweis in das Freye getrieben werden, um das Ungeziefer abzuschütteln, vor dem Sie dann Mühe

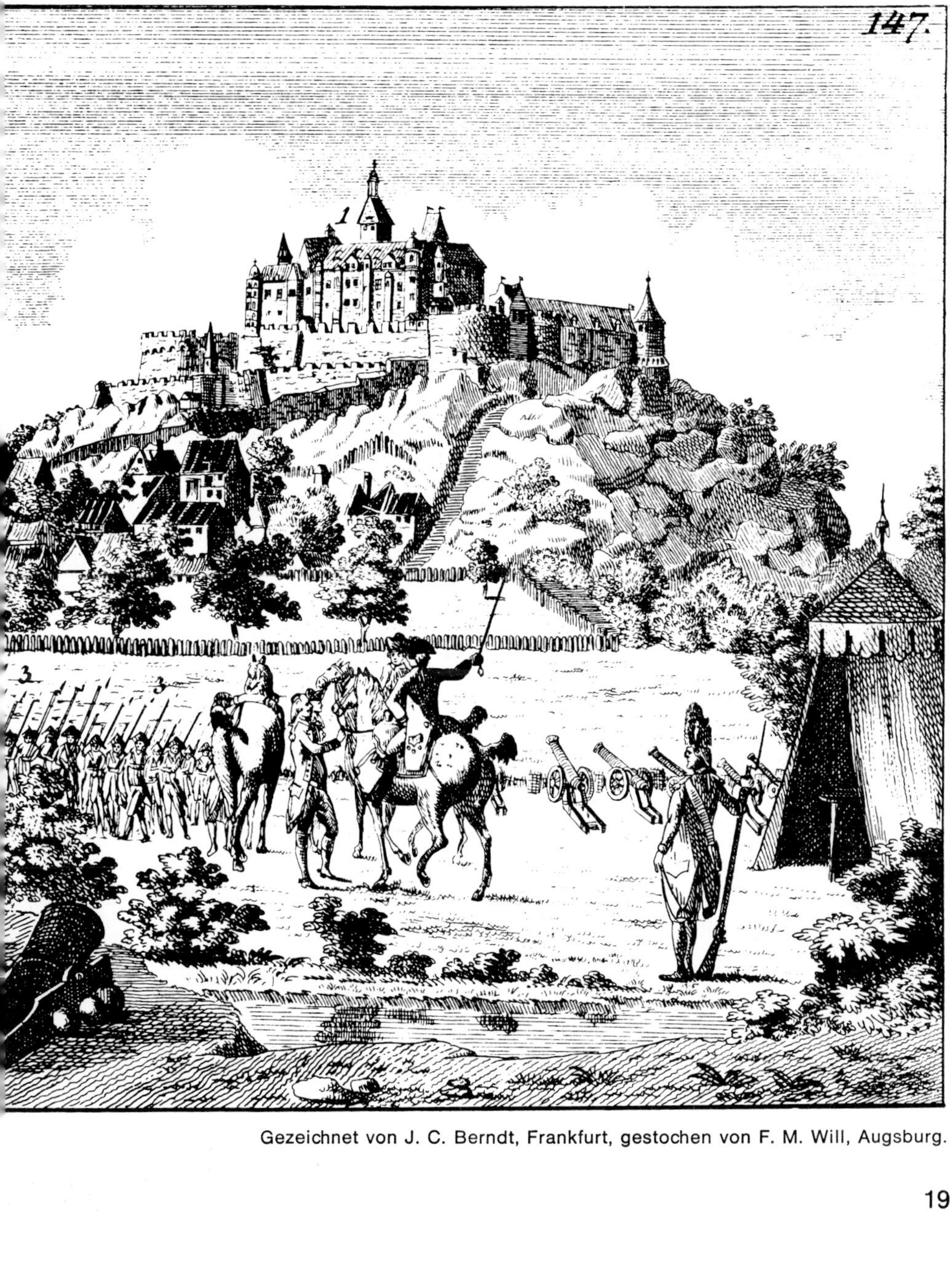

Gezeichnet von J. C. Berndt, Frankfurt, gestochen von F. M. Will, Augsburg.

haben sich selbst zu hüten – denken Sie sich in einem Zimmer mit 7 andern Menschen, ohne einen Augenblick von Ruhe und Stille, und genöthigt, sich stündlich mit der Reinigung deßen, was Sie umgiebt, zu beschäftigen, damit Sie im Staube nicht vergehn – und dann ein Herz voll Indignation gegen die gepriesne Gerechtigkeit, die mit jedem Tage durch die Klagen Unglücklicher vermehrt wird, welche ohne Untersuchung dort schmachten, wie sie von ohngefähr aufgegriffen wurden – muß ich nicht über Euch lachen? Sie scheinen den Aufenthalt in Königstein für einen kühlen Sommertraum zu nehmen, und ich habe Tage da gelebt, wo die Schrecken und Angst und Beschwerden eines einzigen hinreichen würden, ein lebhaftes Gemüth zur Raserey zu bringen." Endlich wurde sie im Juli durch die Bemühungen ihres jüngsten Bruders frei, und sie hat, was man verstehen kann, die Veste Königstein nicht in gutem Andenken behalten, ebensowenig wie die anderen „Klubbisten"; berichtet sie doch, daß sie 160 Gefangene sah, „welche durch deutsche Hände gingen, geplündert, bis auf den Tod geprügelt worden waren, und ohngeachtet die wenigsten von ihnen den Franken wirklich angehangen hatten, jetzt der deutschen Grosmuth fluchen musten."

Im Mai 1795 rückten österreichische Truppen in Königstein ein, doch schon Ende September erschienen erneut Franzosen, welche die Stadt nach einer wüsten Plünderung in der Nacht vom 12. auf den 13. Oktober wieder verließen. 1796 waren wieder die Kaiserlichen an der Reihe, wurden von dem französischen General Marceau nach Blockade und Kanonade zur Übergabe Königsteins gezwungen. Als die Franzosen jedoch nach der Niederlage von Amberg im August 1796 westwärts zurückfluteten, beschlossen sie, die gesamte Veste Königstein mit deren Räumung zu zerstören. Der trockengelegte Brunnen im inneren Schloßhof sollte als Sprengkammer dienen. Eine wohl vorzeitige Explosion am 6. September, der auch das zurückgelassene Sprengkommando zum Opfer gefallen sein soll, traf das Schloßgebäude so schwer, daß ein Teil einstürzte und die Dächer abgedeckt wurden. Die eigentlichen Festungsanlagen und Soldatenunterkünfte blieben hingegen heil. 1797 kamen die Franzosen wieder, mit dem Befehl, auch diese endgültig zu zerstören. Als findige Köpfe verzichteten sie auf weitere Sprengungen, ließen das noch Erhaltene auf Abbruch versteigern. Das gewonnene Material wurde zum einen Teil von den Königsteiner Bürgern zum Wiederaufbau ihrer zerschossenen und abgebrannten Häuser verwendet, zum andern Teil dem Straßenbau zugeführt. Noch lange Jahre bot die Festungsruine ein sehr trauriges Bild. In Gernings „Heilquellen am Taunus" von 1814 wird Königsteins nur mit den Zeilen gedacht:

Traurend entsteigt sie dort, die alte verödete Veste,
Flammen umwüteten sie, Donner zersprengten sie dann!
Schweigt, o Trümmer der Zeit! es hallt vergebens die Klage
Dumpf an den Höhn und bang hier in den Thälern zurück.

Durch den Reichsdeputationshauptschluß von 1803 wurden, um die Fürsten für den Verlust ihrer an Frankreich gefallenen linksrheinischen Besitzungen zu entschädigen, fast alle geistlichen Stifte, die geistlichen Fürstentümer und die Reichsstädte aufgehoben, „säkularisiert". So fand auch der mit der Reichsgeschichte so eng verbundene Mainzer Kurstaat sein Ende. Königstein fiel an das als Rheinbundstaat größer werdende Nassau. Die Festungsruine wurde Privatbesitz des nassauischen Regentenhauses und kam erst 1922 als Geschenk der Großherzogin Hilda von Baden, der Tochter der letzten nassauischen Herzogin, an die Stadt Königstein.
Aus dem 18. Jahrhundert zerschlagen und sehr verarmt hervorgegangen, seiner Funktion als Festung und Garnison enthoben, sah sich Königstein im frühen 19. Jahrhundert weiteren Heimsuchungen ausgesetzt. Die nach der Leipziger Völkerschlacht in die Heimat zurückstrebenden Franzosen passierten teilweise den Taunus und die Stadt. Sie brachten den Typhus mit, und von insgesamt etwa neunhundert Königsteinern starben daran nicht weniger als 53. Den fliehenden Franzosen folgten die Verbündeten, Preußen, Bayern, Österreicher und Russen, darunter die wilden Kosaken, die sich keineswegs wie Freunde benahmen. Zwei Tage bezog auch der preußische Feldmarschall Blücher in Königstein Quartier.
Zwar wurde Königstein unter Nassau wieder Verwaltungssitz eines Amtmanns, aber die wirtschaftliche Lage der Stadt besserte sich dadurch kaum, zumal der Frachtverkehr auf der alten Kölner Straße mit der Verbesserung der Flußschiffahrt und dem Bau der ersten Eisenbahnstrecken immer mehr zurückging. Erst um die Jahrhundertmitte eröffneten sich Königstein neue wirtschaftliche Möglichkeiten. Im Jahre 1851 begründete der aus Usingen gekommene Medizinalassistent und spätere Medizinalrat Dr. Georg Pingler, dem heute ein Königsteiner Brunnen und eine Straße gewidmet sind, sein „Prießnitz-Bad" und leitete damit die Entwicklung Königsteins zur Kurstadt ein. 1858 wählte überdies der in Wiesbaden residierende Herzog Adolph von Nassau Königstein als Sommersitz und verbrachte alljährlich mit seiner Familie einige Monate im „neuen Schloß", dem umgebauten alten Mainzer Amtshaus auf der Südseite des Burgbergs. 1866 verlor er zwar, auf österreichischer Seite stehend, sein Land an Preußen, behielt aber den Königsteiner Besitz

als Privateigentum. 1890 wurde er Großherzog von Luxemburg. Nach seinem Tode, 1905, lebte seine Witwe ganz in Königstein und starb auch hier. Dadurch sah Königstein oft fürstlichen Besuch in seinen freilich nicht mehr bestehenden Mauern.
Dr. Pingler, der „Wasserdoktor“, war ein hervorragender Organisator, und seine auf der Heilkraft des Wassers beruhende Therapie mit Strahl-, Staub-, Regen- und Wellenbädern zeitigte solche Erfolge, daß die Stadt sich schon 1852 „Bad Königstein“ nennen konnte. Um 1890, zwei Jahre vor seinem Tode, zählte man 2000 Besucher. 1891 errichtete Dr. Hugo Amelung in der Adelheidstraße eine zweite Badeanstalt, aus der 1913 die heutige Privatklinik hervorging. Weitere Sanatorien folgten.
Noch ein anderes Moment hat aber zur Entwicklung des modernen Königstein beigetragen. Der Krieg 1870/71 und die Errichtung des preußisch-deutschen Kaiserreiches brachten, nicht zuletzt durch die Milliarden französischer Kriegsentschädigung, einen allgemeinen Aufschwung. Im Stadtbürgertum, bei den Kaufleuten, Bankiers und Industriellen sammelte sich viel Reichtum an, und so wurde es auch in Frankfurt Mode, neben der Stadtwohnung einen Landsitz im Taunus zu haben. Vor allem in Kronberg, Königstein und Falkenstein erwarben wohlhabende Frankfurter viel Gelände. Damals entstanden jene zum Teil „schloßartigen“ Villen, die unserem Stilempfinden recht fremd geworden sind.
Auch die einheimischen Königsteiner Familien profitierten von der Konjunktur, sie erbauten Fremdenheime, Hotels und Pensionen. Sogar das Kapuzinerkloster, das von Nassau 1813 säkularisiert worden war, als es noch sieben Patres, zwei Laienbrüder und zwei Hausknechte beherbergte, wurde von Königsteiner Bürgern zum Hotel umgestaltet.
Von den bürgerlichen „Schlössern“ ist die ehemalige „Villa Andreae“ der markanteste Bau, ja man kann sie geradezu als das zweite Wahrzeichen Königsteins ansprechen. Sie thront als Gegenstück zur Festung auf der Höhe des Geisbergs. Königsteins Stadtarchivar Heinz Sturm-Godramstein hat die Geschichte dieses Bauwerks erforscht, und wir fassen seine Darstellung kurz zusammen, da sie manches für die „kaiserlichen Zeiten“ Typische enthält.
Der erste Bau, ein zweistöckiges Landhaus mit Hauptbau und Stiegenhausanbau nebst einem vorspringenden Aussichtsturm, entstand 1883 bis 1887. Bauherr war der Frankfurter Antiquitätenhändler Johann Martin Bächle. Er verkaufte das Anwesen schon 1890 und zwar an den Frankfurter Bankier Albert Andreae-de Neufville, Teilhaber des Bankhauses Joh. Goll & Söhne. Seit Andreae 1880 die Tochter Therese des Geheimen Kommerzienrats Gustav Adolf von Neufville geehelicht hatte, führte er

den Doppelnamen. Er erwarb die umliegenden Ländereien, so daß ihm bald der größte Teil des Geisbergs gehörte. Das Haus Bächles ließ er fast vollständig wieder abreißen und begann einen völlig neuen, monumentalen Bau zu errichten, der „repräsentativ" und damit eben „schloßartig" werden sollte, und er beauftragte damit den angesehensten Architekten. Dieser Architekt, Franz von Hoven, Mitglied der Berliner Bauakademie und der Städel-Administration, hat in Frankfurt zahlreiche Wohn- und Geschäftshäuser sowie das neue Rathaus geplant und gebaut, dazu zahlreiche Landhäuser im Vordertaunus, die Senckenbergische Bibliothek und das neue Bürgerhospital. – Kein Wunder, daß man an der „Villa Andreae" zahlreiche Frankfurter Motive wiederfindet. Echt ist das Renaissance-Portal. Es stammt vom alten Haus Weißenfels, das an der Ecke Münz- und Buchgasse stand, und zeigt das Wappen des Abraham Malapert, der 1640 bis 1676 Resident der Niederlande in Basel war.

Ein Histörchen will wissen, was den Bauherren bewogen hat, einen so aufwendigen Bau zu errichten: Als Kaiser Wilhelm I. 1871 Frankfurt besuchte, wurde er von den Frankfurtern, die Bismarck zu Preußen gemacht hatte, nicht als Gast „freigehalten". Das soll den Bankier so ergrimmt haben, daß er beschloß, den Kaiser beim nächsten Besuch in dieses Königsteiner Haus einzuladen. Wilhelm I., Friedrich III. und Wilhelm II. waren jedoch nie in dem Bauwerk, das die Enkel später respektlos die „Protzenburg" nannten. Dafür kam die Witwe des 99-Tage-Kaisers öfter, die sich in Kronberg Schloß Friedrichshof baute und guten Kontakt mit dem Frankfurter Großbürgertum hielt.

Die frühe Blütezeit der Kurstadt Königstein, die 1902 auch die Bahnverbindung mit Höchst und damit den Schienenanschluß nach Frankfurt erhalten hatte, endete mit dem Ausbruch des Ersten Weltkriegs. Der Kurbetrieb kam weitgehend zum Erliegen. Hotels, Sanatorien und Pensionen wurden in Lazarette umgewandelt, und nach Kriegsende fiel die Stadt in den Bereich des alliierten „Brückenkopfes Mainz". Bis 1925 gab es französische, danach bis zum September 1929 englische Besatzungstruppen. Größere Hotels mußten als Soldatenunterkünfte dienen, und zwei von ihnen, darunter auch das einstige Kapuzinerkloster, waren schließlich so demoliert, daß sie 1928 bzw. 1934 niedergelegt werden mußten, während die Truppen in die neue Kaserne am Dingweg zogen, die vom Reich erbaut werden mußte. Unter Hitler war die Kaserne vom Reichsarbeitsdienst belegt, und heute beherbergt sie das Haus der Begegnung / Albertus-Magnus-Kolleg, Zentrale des katholischen Werkes „Kirche in Not / Ostpriesterhilfe" und des Privatgymnasiums Bischof-Neumann-Schule.

Immerhin konnte Königstein sich 1926 einen lange gehegten Wunsch erfüllen. Die Stadt kaufte das schon 1838 von der Bankiersfamilie Borgnis erworbene, an der Hauptstraße gelegene Anwesen. Die um 1860 im sogenannten „Schweizer Stil" errichtete Villa wurde zum Kurhaus umgestaltet und im August 1927 ihrer neuen Bestimmung übergeben, der sie als „Parkcafé" heute dient. Erhalten blieb der alte Baumbestand.

Nach der Wirtschaftskrise der dreißiger Jahre nahm der Kurbetrieb, nun ganz auf die heilklimatischen Faktoren ausgerichtet, einen neuen Aufschwung, und man zählte vor dem Zweiten Weltkrieg bis zu zehn- und zwölftausend Besucher. Wieder mußten nach Kriegsausbruch die Kurgäste den Verwundeten weichen, und nach 1945 galt es zunächst, die zahlreichen Heimatvertriebenen unterzubringen. Nach der Währungsreform von 1948 setzte dann allmählich eine rege Bautätigkeit ein, und seither ist Königstein in die Breite und in die Höhe gewachsen. Die Einwohnerzahl, die 1925 noch bei knapp 3000 gestanden hatte, stieg bis Ende 1984 auf insgesamt 16445. Davon entfallen auf Alt-Königstein 8800 Einwohner und auf die 1973 hinzugekommenen drei Dorfgemeinden 7645 (Falkenstein 3210, Schneidhain 2476, Mammolshain 1959). – Seit 1955 besitzt die Stadt mit dem „Sonnenhof" ein repräsentatives Park-Hotel. Es entstanden auch eine neue Volksschule und die am Rand der Helbigshainer Wiesen gelegene Taunus-Schule.

An der, zum Zeichen lebendiger Partnerschaft „Le Cannet-Rocheville-Straße" benannten Umgehungsstraße liegt, von der Innenstadt her bequem zu erreichen, das am 21. 6. 1977 eingeweihte „Kurbad", ein moderner Bau, von R. und I. Geier entworfen, von Otto H. Hajek farbig gestaltet.

Damit hat Königstein ein Ozonhallenbad erhalten, dessen Wassertemperatur 29 Grad, an den Samstagen (mit niedrigem Seniorentarif) sogar 32 Grad beträgt. Hier gibt es sozusagen alles, was das Herz begehrt: drei Saunen mit Freiluftbereich, Flächen- und Kabinen-Solarien, Fitness- und Ruheraum, Liege- und Sonnenterrassen, dazu ein Therapie-Zentrum mit Massage- und Wärmebehandlungen, medizinischen Bädern, Bewegungstherapie, Krankengymnastik, Inhalationen und anderem. Auch Gymnastikkurse werden veranstaltet. Hinzu kommen Wassergymnastik und Babyschwimmen. Ein Caférestaurant lädt zur Erfrischung ein. Die willkommene Ergänzung zur warmen Jahreszeit bildet das beheizte Freischwimmbad im romantischen Woogtal, mit Gelegenheit zum Luft- und Sonnenbaden auf den Liegewiesen. Da das Wasser ständig erneuert wird, ist es immer klar und sauber. Hinzu treten Restauration und Kinderspielplatz.

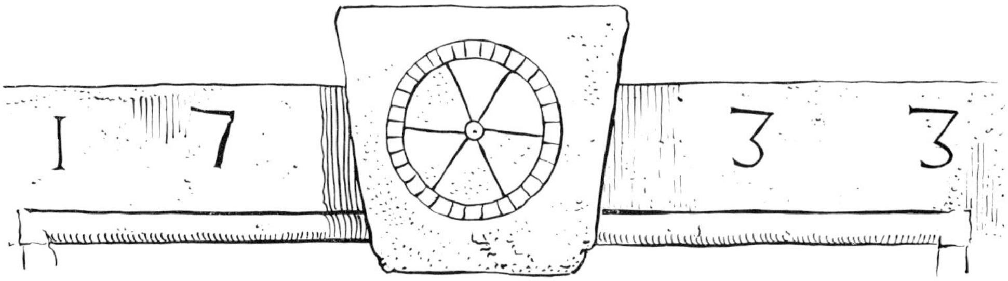

Aber auch die Kultur kommt darüber nicht zu kurz. Die Stadtbibliothek mit Lesezimmer befindet sich im Kurhaus. Es gibt Ausstellungen, Arztvorträge, Künstlerabende, Kirchenkonzerte und nicht zuletzt die „Schloßkonzerte" im einstigen Nassau-Luxemburger Schloß, in dem sonst ein Teil des Amtsgerichts residiert. Von der Stadt erworben, sorgfältig restauriert, ist der am Burgweg gelegene Bau in seiner architektonischen Schlichtheit, von einem großen Garten umgeben, für Königstein ein wertvoller Zuwachs.
Die „Schloßkonzerte" finden dort statt, wo sonst Justitia regiert, im jetzigen Sitzungssaal des Gerichts. Von Professor Dusan Pandula ins Leben gerufen, von der städtischen Kurverwaltung getragen, bieten sie vom November des laufenden Jahres bis zum Juni des folgenden Jahres allmonatlich einen musikalischen Ohrenschmaus: neben Duo- und Trio-Abenden und Quartetten auch Vokalkonzerte. Diese können einzeln oder im Abonnement besucht werden. Auch Sonderkonzerte sind geplant. Neuerdings will man sogar „Ein-Abend-Ausstellungen" mit Bildern lebender Künstler, die anwesend sein werden, in die Konzerte einbeziehen, also Musik und Malerei kombinieren — eine zunächst überraschende Verbindung, die aber in einem solchen Rahmen und in einer Kurstadt durchaus sinnvoll erscheint und beispielhaft wirken könnte. Neben den Bewohnern Königsteins werden auch Besucher und Kurgäste gern von einem solchen Angebot Gebrauch machen.

Nähert man sich Königstein von Oberursel und Kronberg her, dann fallen zunächst die Sportanlagen und die großzügigen modernen Taunus-Schulbauten ins Auge. Neben einem Hauptklassenbau mit 18 Unterrichtsräumen umfaßt diese mustergültige Schule derzeit einen Sonderklassenbau mit Räumen für den Chemie-, Physik- und Biologie-Unterricht, eine Turnhalle sowie Aufenthalts-, Werk- und Materialräume. Das

Untergeschoß steht auch den Königsteiner Vereinen zur Verfügung. In der Nähe, am Wolfsweg, liegt das modern konzipierte evangelische Gemeindezentrum.
Hat man den Verkehrskreisel passiert und die Frankfurter Straße erreicht, dann erblickt man links am Hang die Bauten des Albertus-Magnus-Kollegs mit dem „Haus der Begegnung" und der Bischof-Neumann-Schule. Weiter nach links, dem Hardtberg zu, liegen das „Haus Königstein", Schulungs- und Erholungsheim der Gewerkschaft der Eisenbahner Deutschlands, und die Klinik für Herz- und Gefäßkrankheiten der Krankenversorgung der Bundesbahnbeamten, einst „Grand-Hotel Stern".
Auf der Frankfurter Straße stadteinwärts gehend, entdeckt man noch manches Haus aus der ersten Blütezeit der Kurstadt Königstein, doch ist auch hier die Moderne ins einstige Idyll eingebrochen, mit Geschäfts- und Ladenbauten und dem neuen Postamt. Beim Parkhotel Bender beginnt die Hauptstraße, und gleich rechts hinter dem Hotel liegt der große Parkplatz, einst Stechbahn, dann Raum von Kapuzinerkloster und -kirche. Dem Parkplatz gegenüber befindet sich das Königsteiner Rathaus, 1909 aus einem Hotelbau hervorgegangen. Die Hauptstraße ist Königsteins Hauptgeschäftsstraße mit Cafés und vielen verlockenden Schaufenstern der Einzelhändler. Sie mündet ein in Königsteins „Gute Stube", den Platz vor dem Alten Rathaus, das wohl der interessanteste erhalten gebliebene Bürgerbau des einstigen Stadtwesens ist. Ursprünglich als befestigter Torbau und Zugang zur Burg angelegt, bekam das Tor 1673 einen originellen Fachwerk-Überbau, von einem Türmchen gekrönt, auf den wuchtigen, rustikalen gotischen Unterbau, der noch das Eppsteiner Wappen aufweist. Neuerdings hat der Königsteiner Verein für Heimatkunde hier ein kleines Heimatmuseum eingerichtet. Im Türmchen der einstigen „Schloßpforte" hängen zwei Glocken, eine gut fünfhundert Jahre alte aus dem Kugelherrenhaus und die 1709 gegossene „Bürgerglocke". Durchschreitet man den erhalten gebliebenen Tordurchgang, so befindet man sich in der Kugelherrengasse und damit im ältesten Teil Königsteins, der einstigen Oberstadt, die von der Karlstraße durchzogen wird und besonders befestigt war. Es lohnt sich, durch diesen kleinen alten Bezirk zu streifen, über dem trotz aller Zerstörungen immer noch ein Hauch vom Mittelalter zu liegen scheint.
An der vom Rathausvorplatz abzweigenden Gerichtsstraße liegt das heutige Amtsgericht, schon zum Bereich des früheren „Tals" gehörend. Das massive zweistöckige Steinhaus wurde 1720–1727 auf den alten Kellergewölben des früheren Kurmainzer Rentamts, eines baufällig ge-

wordenen Fachwerkbaus, errichtet. Zwei Wappen schmücken das Gebäude: in die Umfassungsmauer, an der Ecke nach der Borngasse, ist das ältere, das des Kurfürsten Johann Schweikart von Cronberg, eingelassen, das früher über dem alten Eingangstor zwischen dem Gerichtsgebäude und dem abgerissenen Gefängnis angebracht war, während das andere, an der Straßenfront, das des Bauherrn und Kurfürsten Lothar Franz von Schönborn und eine höchst dekorative Barockarbeit ist.

Königsteins zweites „Schmuckkästchen" neben dem „Alten Rathaus" liegt an der von der Hauptstraße abzweigenden Kirchstraße: die Stadtkirche St. Marien, ein äußerlich schlichtes Bauwerk, das aus der einstigen „Kapelle im Tal" hervorgewachsen ist. Diese hat, nach dem Zeugnis eines Grabsteins, vielleicht schon um 1300 bestanden. Der Stein wurde dem Gedächtnis des Dominus Hardmudus geweiht. Er war der dritte mit Namen bekannte Pfarrer Königsteins und starb am 1. September 1337. Der linke Sockelansatz der früheren Kapelle, die vermutlich mehrfach erweitert wurde, ist heute noch zu sehen. In der Spätgotik, um 1450, wurde sie dann zum Umfang der heutigen Kirche ausgebaut, wobei man im Westen den Turm und im Osten den 12,5 Meter langen und 9,5 Meter breiten Chor angefügt hat. Um diese Zeit mußte die Kirche freilich ihre Funktion als Stadtpfarrkirche an die in der Oberstadt hinter dem alten Rathaus gelegene, der heiligen Maria geweihte kleine Kirche abtreten, gewann sie aber nach dem Ende des Kugelherrenstifts zurück. Damals wurde das Patrozinium St. Marien auf die Kirche im Tal, die früher dem heiligen Bartholomäus geweiht gewesen war, übertragen.

Um 1700 wurde die Kirche erneuerungsbedürftig. Den Turm hatte man schon 1689 ausgebessert, und 1698 ließ die Bürgerschaft die heute noch bestehende Uhr an ihm anbringen. 1744–1746 wurde dann die Kirche selbst gründlich in ihrem Mauerwerk erneuert, 1749/50 der Turm um 9 Meter erhöht. Als 1751 die Mainzer Hofkammer nach langem Sträuben die Baulast übernommen hatte, wozu Mainz als Nachfolger der Stolberger verpflichtet war, konnte man an die Innenausstattung im Geschmack des Rokoko gehen. Der Hochaltar, vom Mainzer Hofstukkateur Johann Peter Jaeger geschaffen, und die Kanzel, wohl vom selben Meister, gehören nach dem Urteil von Georg Dehios „Handbuch der deutschen Kunstdenkmäler" zu den besten Leistungen des Rokoko am Mittelrhein. Die Figuren an Altar und Kanzel sowie die sechs großen Figuren auf den Wandkonsolen stammen vermutlich von Johann Jakob Juncker. Die hübsche Rokoko-Orgel mußte leider 1925 durch ein modernes Werk mit freistehendem Prospekt abgelöst werden. Die beiden Seitenaltäre, um 1725 entstanden, kamen 1813 aus dem Kapuzinerkloster hinzu.

Von den zahlreichen Epitaphien, die St. Marien einst barg, sind noch dreizehn aus fünf Jahrhunderten erhalten. Unter ihnen sind das des Oberamtmanns Johann von Hattstein, der 1574 starb, und das des Oberamtmanns Johann Dietrich (Theodor) von Rosenbach, der 1656 verschied, wohl die künstlerisch bedeutendsten. Am schlichtesten und menschlich rührendsten ist aber die graue Marmorplatte vor dem Marienaltar. Unter ihr ruht Johann Anton Schneider, der Pfarrer, dem die Kirche ihre jetzige Gestalt verdankt und der 1748 verstarb, erst im 42. Lebensjahr stehend. Wahrscheinlich hat er sich im Dienst seiner Kirche verzehrt und auch den lateinischen Grabspruch auf der Platte

Wappenfries vom Grabmal des Johann Dietrich (Theodor) von Rosenbach in St. Marien

selbst verfaßt. Er besagt, daß vor dem Geheimnis der Ewigkeit und dem Rätsel der Dreifaltigkeit alles menschliche Rechnen und Grübeln verstummt, daß dem gläubigen Christen dann nur die Hoffnung bleibt, im unendlichen Gott zugleich auch einen gnädigen Gott zu finden. „Wenn auch der Priester in dieser Hoffnung sein Leben beschlossen hat, so bittet er dennoch um ein stilles Gebet."
Noch haben wir jedoch den größten Schatz der Kirche nicht genannt, die „Königsteiner Madonna" aus der Zeit von 1440–1460, nach Dehio dem Meister des Mariaschlafaltars im Frankfurter Dom nahestehend. Bis 1953 sah die Plastik wie grauer Sandstein aus. Dann entdeckte man, daß der Kalkstein dick mit grauer Ölfarbe überstrichen worden war, und es gelang unter Pfarrer Hans Becker dem Wiesbadener Maler Christian Lörsch, die originale farbige Fassung des 15. Jahrhunderts wieder frei-

zulegen, wodurch die Figur ihre alte Lieblichkeit zurückgewonnen hat. Von Pfarrer Becker stammt auch die schönste und eindringlichste Beschreibung der Madonna, 1953 in den Königsteiner „Heimatlichen Geschichtsblättern“ erschienen. Wir zitieren daraus: „Die Madonna steht von prächtig geschlossenem Kontur umrissen. An der herrlichen vergoldeten Krone schwingen sich die grätigen Mittelrippen der Blätter fischblasenartig, fast wie im Maßwerk spätgotischer Fenster, während Flachpartien unter Durchbohrung mit dem Steinbohrer tief aufgelockert sind. Unter der Last der reichen Krone scheint sich die Gestalt zu beugen. Innerlich begründet ist die Neigung des Kopfes durch das Hinwenden zum Kind in mädchenhaft-mütterlicher Zuneigung. Das Gesicht ist von unendlicher Zartheit und Reinheit. Hochgewölbt ist die Stirn, schmal Mund und Kinn. Die gewölbten Nasenflügel geben dem feinen Gesicht eine eigenartige Lebendigkeit. Aus diesem spricht im wesentlichen die mütterliche Freude am Jesuskind, aber auch ein gewisser Ernst, ja eine Sorge. Das rotbackige Jesuskind reckt sich steif vor ihr schräg nach oben. Es ist die einzige Stelle, wo der Kontur überschnitten wird. Das Kind umfaßt mit beiden Händchen einen Vogel. Dieser wird als Seelenvogel gedeutet nach Psalm 123,7: ‚Wie ein Vogel ist unsere Seele entronnen der Schlinge der Verfolger‘. Also deutet der Vogel die Seele an, die sich in die Hand des Gotteskindes geflüchtet hat, das sie sorgsam in Händen hält. Aus der ganzen oberen Partie strahlen noch die Zartheit, Empfindsamkeit und Lieblichkeit, die die Plastiken des ‚weichen Stiles‘ der ersten Hälfte des 15. Jahrhunderts umfingen. In feingliedrigen Wellen umrahmen die vergoldeten Haare das Gesicht und fließen über die Schultern bis zu den Armen herab. Offenes, wallendes Haar galt als das Zeichen der Jungfräulichkeit. Die Haare werden ihrerseits von den Zipfeln des weißen Kopftuches eingefaßt, die in zwei kräftigen Wulsten mit tiefer Kehle dazwischen gedreht sind. So ist eine kräftige, von außen nach innen gestufte Umrahmung geschaffen, die das fleischfarbene, an den Wangen rot getönte, feine Gesicht um so lebensvoller offenbart. Die klare Umreißung der Kopfpartie setzt sich im körperverhüllenden Mantel fort. Wieder sind es starke Wulste, die den Rahmen abgeben, durch tiefe Kehlen gegen das breite Mittelfeld abgesetzt und in sich gelockert. Sie stauen sich, wie auch die Falten, die vom durchschimmernden Knie des rechten Spielbeines herabfallen, auf der Standfläche zu lebendig geknickten Motiven. Diese bilden über der rechten Fußspitze reizvolle ‚Augen‘. Die Mantelfalten sind unterhalb der Hände durch einen kräftigen Wulst abgegrenzt. Darüber öffnet sich ein etwa rhombenförmiger Ausschnitt, dessen obere Ecke die Mantelspange ist. In ihm wird das hellblaue Gewand der Madonna in verhaltenen Faltenzügen sichtbar, und in ihn reichen nun die feingliedrigen Hände der Mutter hinein und halten davor das Kind. Über allem steht der faszinierende Kopf der Mutter Gottes, und es ist, als ob das ganze übrige Gebilde geschaffen wäre, diese Herrlichkeit zu tragen. Unterstützt wird dieses Gefühl dadurch, daß gegenüber ihrer Zartheit und Feinheit der Mantel zurückhaltender und manchmal härter gebildet ist. Es ist hier die herbere Art zu formulieren des dritten Viertels des 15. Jahrhunderts, die dann etwa im Grabmal des 1482 verstorbenen Dieters von Isenburg im Mainzer Dom ihre präzisere Ausführung gefunden hat."

Es ist vermutet worden, daß Eberhard II. von Eppstein dem neu gegründeten Kugelherrenstift diese Figur geschenkt hat und daß sie außen an der dann von den Kapuzinern abgebrochenen Kugelherrenkirche stand. Ihr künstlerischer Ursprungsort wird Mainz sein, wo es ja zur gotischen Zeit auch zahlreiche solcher „Hausmadonnen" gab.

Ein neues Zentrum kirchlichen und gemeindlichen Lebens hat sich die katholische Kirchengemeinde hinter der verlängerten Georg-Pingler-Straße, nahe bei der modernen Autoumgehungsstraße, geschaffen. Hier seien auch gleich noch das St. Josephs-Krankenhaus (erbaut in den Jahren 1910–1912 und inzwischen zweimal erweitert) sowie das noch ins 19. Jahrhundert zurückreichende Ursulinen-Kloster mit der angeschlossenen St. Angela-Schule (Realgymnasium für Mädchen) erwähnt. Beide Institutionen haben über Königstein hinaus Bedeutung erlangt und stehen allen, gleich welcher Konfession, offen.

An dem zur Festungsruine hinaufführenden Burgweg liegen die evangelische Kirche, das Pfarrhaus und das „Herzogin-Adelheid-Stift", das Gemeindehaus, allesamt Gründungen und Bauten des späten 19. und frühen 20. Jahrhunderts. Bei der Rekatholisierung Königsteins unter den Mainzer Erzbischöfen seit 1603 war der letzte evangelische Pfarrer Alt-Königsteins, Sebastian Spangenberg, aus der Stadt vertrieben worden. Er hatte zuerst in Falkenstein eine Zuflucht gefunden, amtierte dann in Merzhausen bei Usingen und starb 1621 zu Wörsdorf, wo er bei seinem Sohn zu Besuch weilte, an der Pest. Während des Stolberger Zwischenspiels von 1632–1635 gab es noch einmal eine evangelische Königsteiner Gemeinde unter dem von Kronberg gekommenen Johannes Gereuhm und dem Kaplan Jonathan Friedrich Pelargus, doch mit der Rückkehr von Kurmainz erlosch das protestantische Leben in der Stadt. Erst nach dem Untergang des Kurstaates und den napoleonischen Kriegen wurden die in Königstein lebenden Evangelischen, etwa zwanzig insgesamt, gesammelt und nach Kronberg eingepfarrt. 1843 wurde der erste evangelische Lehrer in Königstein eingestellt. Der erste evangelische Gottesdienst der neuen Epoche fand 1869 in einem Zimmer des

„neuen Schlosses" statt. Seit 1875 hielt der evangelische Pfarrer von Kronberg in einem Schulraum regelmäßige Gottesdienste ab, 1878 entstand eine besondere, Kronberg unterstellte Filialgemeinde, und 1887 wurde mit Unterstützung des nassauisch-luxemburgischen Fürstenhauses und des Gustav-Adolf-Vereins die jetzige Immanuel-Kirche im neugotischen Stil nach Plänen von Ludwig Hofmann erbaut. 1894 wurde die evangelische Gemeinde Königsteins selbständig. Vier Jahre zuvor hatte man das alte evangelische Pfarrhaus von 1558, das der neuen Kirche gegenüber stand, wegen Baufälligkeit abgerissen. Seit 1962 hat durch die starke Zuwanderung die evangelische Gemeinde die katholische an Seelenzahl überflügelt, seit 1927 war Schneidhain, seit 1964 auch Falkenstein mit ihr verbunden. Heute sind beide Gemeinden selbständig. Das neue Gemeindezentrum am Wolfsweg haben wir schon erwähnt.

Stilreine Neugotik ist nach den Zerstörungen im Zweiten Weltkrieg nicht mehr allzu häufig zu finden. Es lohnt sich mithin für den Kunstfreund, auch die Immanuelkirche zu besuchen. An Kunstschätzen birgt das Gotteshaus unter anderem ein schönes Renaissance-Kruzifix, um 1650 in Mainfranken geschnitzt, farbige Fenster verschiedener Künstler und eine um 1930 entstandene holzgeschnitzte Pieta des 1958 in Königstein verstorbenen Bildhauers Prof. Kratz.

Neben der Kirche befindet sich ein steinernes Gewölbe, vom Pfarrgarten überragt, in dem sich die evangelische Jugend Königsteins ein Heim geschaffen hat. Dieses Gewölbe ist der Überrest des von Bettendorfschen Hauses, im Volksmund „Steinernes Haus" genannt. Um 1630 an der alten Burgringmauer und neben dem damals noch gut erhaltenen Wehrturm errichtet, war es eines der markanten Gebäude Alt-Königsteins, auf den alten Bildern in unserem Bande leicht zu erkennen. 1792 brannte es nieder, die Ruine wurde 1814 verkauft und bis auf das Kellergewölbe abgerissen.

Den Burgweg weiter aufwärts gehend (links die Einfriedungsmauer des einstigen nassauisch-luxemburgischen Schloßgartens), gelangt man zur Festung, deren wechselvolles Schicksal sich auch heute noch gut an den einzelnen Bauteilen und Baugruppen ablesen läßt. Die frühere Ringmauer ist verschwunden, abgetragen, verbaut. Das heutige Eingangstor ist um 1660 entstanden und trägt das Wappen des Kurfürsten Johann Philipp von Schönborn. Das dritte Tor, das der Stolberger, ist zerstört. Das vierte Tor, mit überwölbtem Torweg, stammt vermutlich aus der Eppsteiner Zeit, während das fünfte das Wappen Falkenstein-Münzenberg zeigt. Durch die immer neuen Umbauten und Zubauten ist vieles verdorben worden. Die Beschießungen und die bis weit ins 19. Jahrhundert hinein reichenden Abbrucharbeiten der Königsteiner Bürger haben

anderes ganz oder teilweise für immer zerstört. Wo wäre auch ein bequemerer und billigerer Steinbruch als dieser zu finden gewesen! Das Gefühl für die Schönheit des Alten, für Tradition, erwachte erst mit der Romantik neu.
Immerhin sind die ältesten Anlagen aus der staufischen Epoche noch leicht zu identifizieren, ist doch die staufische Bauweise bei allen Burgen ziemlich dieselbe und fällt daher sofort ins Auge, im Falle Königsteins vor allem an der nun im inneren Festungsbereich liegenden frühen Ringmauer mit ihrem Fischgrät- oder Ährenmuster. Anhand des erstmals 1960 vom Königsteiner Verein für Heimatkunde herausgegebenen Führers kann der interessierte Geschichts- und Architekturfreund alle Einzelheiten studieren. Auch heute noch sind viele Fragen offen. So ist zum Beispiel der Königsteiner Bürger Rudolf Krönke bei Grabungen in den Jahren 1964/1965 auf eine 180 cm starke Mauer und mit ihr auf Reste einer Toranlage gestoßen, die nicht mit den staufischen Bauteilen in Verbindung gebracht werden kann, ebenso wie neuere Grabungen auf eine noch frühere Epoche verweist.
Sehr gut überschauen läßt sich die gesamte Anlage vom staufischen Bergfried aus, dem sein früheres Zeltdach 1819 durch Blitzschlag und nachfolgenden Brand abhanden gekommen ist. Doch nicht nur um der kleinen Überschau willen sollte man ihn besteigen, er bietet auch einen herrlichen Rundblick in die Weite.
Es ist heute still geworden auf dem Burgberg. Dem besinnlichen Besucher, der sich nach Betrachtung der Ruinen auf einer Ruhebank von der Sonne bescheinen läßt, mag es so vorkommen, als ob die alten Mauern nach so viel Kriegsgeschrei, Kampflärm und militärischen Kommandos in verschiedenen Sprachen ebenso wie er die Stille und die Sonne genössen, Zeugen vergangener Jahrhunderte, mit denen wir doch durch jene tausend Fäden verbunden bleiben, die wir zusammenfassend Tradition nennen.
Diese Tradition wach zu erhalten, ist der Sinn des Burgfestes, das Königsteiner Bürger ins Leben gerufen haben, in das auch die Festungsruine ganz selbstverständlich mit einbezogen wurde. Wenn alljährlich als Abschluß des Festes das große Feuerwerk in den Nachthimmel aufsteigt, scheint es, als ob Burg und Festung, von Flammen und Farben umsprüht, noch einmal alles durchlebten und durchlitten, was man ihnen einst angetan hat, von der Stauferzeit bis zu den französischen Revolutionskriegen und den preußischen Kanonenkugeln.
Der Besucher und Kurgast in Königstein wird sich jedoch nicht damit begnügen, immer wieder einmal zur Ruine hinaufzusteigen, er wird sich auch die schöne Umgebung der Stadt erwandern, das Billtal, Falken-

Die Königsteiner Madonna (15. Jahrhundert)

St. Marien im Frühling

Das Luxemburger Schloß, jetzt Amtsgericht

Die Burg im Herbst

Im Woogtal

stein, den Fuchstanz, die beiden Feldberge und den Altkönig, den Hardtberg, Kronberg, Oberursel und Bad Homburg mit der Saalburg, Schloßborn und Glashütten, Ruppertshain, Schneidhain und das Lorsbacher Tal bis hinüber nach Hofheim und von dort nach Wiesbaden.
Das „Stoltzeplätzchen" im Billtal erinnert an die Rolle, die Königstein in der Frankfurter Lokaldichtung spielt. Schon 1832 wurde in Frankfurt „Die Landparthie nach Königstein" von Carl Malß, dem Verfasser des „Alten Bürgercapitains", aufgeführt, mit Herrn Hampelmann, dem „baumwollnen und wollnen Warenhändler" als zentraler Figur. Zu den Patienten des „Wasserdoktors" Pingler gehörte in den fünfziger Jahren des 19. Jahrhunderts dann auch Friedrich Stoltze, und seine umfangreiche autobiographische Erzählung in Frankfurter Mundart „Die Flucht von Königstein" brachte der Taunusstadt neuen Ruhm. Sie mündet ein in jenes Gedicht, dessen erste Strophe auch heute noch in Königstein gern zitiert wird:

Und neu zu deinem Ruhme
Soll es gesungen sein,
Des Taunus schönste Blume,
O du mein Königstein!

In deinen Felsenräumen,
Mit Burgen auf den Höh'n,
In deinen Wäldersäumen,
Wie bist du doch so schön!

NURINGS – FALKENSTEIN

Im Burgen-Dreieck Königstein – Falkenstein – Kronberg kann Falkenstein altersmäßig den ersten Platz behaupten. Während Königstein und Kronberg im 13. Jahrhundert, zur Zeit der Hohenstaufen, entstanden, geht es bis ins 12. Jahrhundert zurück, freilich unter anderem Namen. Daß der Falkensteiner Burgberg als erster bebaut wurde, mag seinen Grund darin haben, daß er nach Süden hin besonders steil abfällt, einem Angreifer von dieser Seite her nur wenige Möglichkeiten bot. Man konnte sich bei der Verteidigung weitgehend auf die andere, nach Königstein hin gelegene Seite beschränken. Die dort oben eine Burg erbauten, waren die Nuringer, ein mächtiges Gaugrafengeschlecht der Wettereiba. Dieses große, bedeutende Geschlecht ist nur von 1103 bis 1171 nachgewiesen, läßt sich aber unter anderen Namen bis ins 10. Jahrhundert zurückverfolgen. Sein Ursprung ist linksrheinisch zu suchen, in Lothringen, an der Mosel, im Maienfeld und Trechirgau. Im 11. Jahrhundert kam es auf die rechte Rheinseite, in den Einrichgau und die Wettereiba. Zu Beginn des 12. Jahrhunderts tritt erstmals ein Graf Berthold auf, der sich nach Burg Nurings nennt, deren Name nachher noch 1266 zusammen mit den andern alten Reichsburgen Trifels und Anebos in der Pfalz und Kalsmunt bei Wetzlar erwähnt wird. Vermutlich lag die Burg etwas westlich von der heutigen Ruine Falkenstein, nach der „Teufelskanzel" zu. Dort waren früher an einzelnen Stellen noch Mauerreste zu erkennen.
Allzu groß kann diese erste Burganlage nicht gewesen sein. Sie war wohl weniger als Wohnplatz gedacht, hatte in erster Linie militärische Bedeutung – ein „Wachtposten", von dem aus man weit in die Mainebene hinab blicken konnte.
Zu Beginn des 13. Jahrhunderts erwarben Kuno von Hagen-Münzenberg und die Herren von Bolanden-Falkenstein vom Donnersberg, die wir schon aus der Geschichte Königsteins kennen, die Grafschaft

Gerichtssiegel von Norings/Nurings aus dem Jahre 1681

Nurings, und als die Münzenberger, wie wir ebenfalls schon wissen, 1255 in männlicher Linie ausstarben und das Münzenberger Erbe aufgeteilt wurde, kam Nurings mit der Herrschaft Königstein ganz an die Bolanden-Falkensteiner. Die alte Burg Nurings, wahrscheinlich ein recht bescheidener Bau, nur mit festem Turm versehen, verfiel vermutlich im 14. Jahrhundert. An ihre Stelle trat, am heutigen Ort, die Burg „Neu-Falkenstein", die erstmals 1364 urkundlich erwähnt wird. Die kleine dörfliche Siedlung hingegen führte den alten Namen Nurings bis ins 17. und 18. Jahrhundert weiter. Andere in Urkunden erscheinende Schreibweisen sind Nuoringes, Nuringes, Norings und Nörings. Die Form „Nürings" wird erst im 19. Jahrhundert gebraucht. Damals versuchte man den Namen von „Neuer Ring" abzuleiten, was jedoch, wie ein Namenforscher vom Range des aus Bad Ems stammenden Prof. Adolf Bach nachgewiesen hat, sprachgeschichtlich nicht angeht.
Die Herren von Bolanden-Falkenstein bewohnten ihre Gründung nicht selbst, zogen wohl das größere Königstein vor. So entwickelte sich „Neu-Falkenstein" zu einer Ganerbenburg, an der mehrere Familien Anteil hatten. Um 1350 waren die von Sponheim Herren im Dorfe, nach ihnen die von Hohenlohe. 1385 gelangte Nurings durch die Heirat der Erbtochter Anna an den Grafen Philipp von Nassau-Weilburg, der die Ganerben von Kronberg „mit der Grafschaft Norings und dem Berge zu Norings, da nun das Schloß Neu-Falkenstein aufgebauet ist, mit Dörfern, Gerichten, Gebieten etc." belehnte. Noch im selben Jahrhundert er-

Nuring

Bolanden·Falkenstein·

scheinen in den erhaltenen Urkunden die von Hattstein (Ruine bei Schmitten im Taunus) als Mitinhaber des Lehens. Die von Falkenstein starben im frühen 15. Jahrhundert aus. Der letzte männliche Namensträger und Herr über die Falkenstein-Münzenbergischen Lande, Werner III., verschied am 4. Oktober 1418 als Erzbischof von Trier. Sein schönes, bis heute erhalten gebliebenes Grabmal befindet sich, wie schon zuvor erwähnt, in der Stiftskirche St. Castor zu Koblenz. Seine kinderlose Schwester Anna, in zweiter Ehe Witwe des Grafen Günther von Schwarzburg, die „letzte Falkensteinerin", stiftete 1401 ein Spital „zum Hayn in der Dreieich", dem heutigen Dreieichenhain, dem sie auch 1410 ihr gesamtes Vermögen von Todeswegen schenkte.
Die Bolanden-Falkensteiner waren ein urwüchsiges und vor allem streitbares Geschlecht, die beiden geistlichen Herren, die Erzbischöfe Cuno und Werner von Trier, keineswegs ausgenommen. Die „Limburger Chronik" des Tilemann Elhen von Wolfhagen weiß manches von ihren Kriegstaten zu erzählen, von Burgenbrechen und Stadtbelagerung. Ja, der wackere Chronist und Stadtschreiber von Limburg an der Lahn hat uns sogar Cuno von Falkenstein ganz porträtgetreu beschrieben: „Item nun sollst du wissen Physionomien und Gestalt Herrn Cunen vorgenannt, denn ich ihn oft gesehen und geprüfet hab in seinem Wesen und in mancher seiner Manierung. Er war ein herrlich stark Mann von Leibe und wohl gepersonieret und groß von allem Gebeine, und hatte ein groß Haupt mit einer struppen weiten braunen Krulle, ein breit Antlitze mit paußenden Backen, ein scharf männlich Gesichte, einen bescheiden Mund mit Lefzen etzlicher Maßen dicke. Die Nase war breit mit gerunden Naslöchern, die Nase war in der Mitten niedergedrucket; mit einem großen Kinne und mit einer hohen Stirne und hatte auch eine große Brust und Rötelfarb unter seinen Augen. Und stund auf seinen Beinen als ein Löwe und hatte gütliche Gebärden gen seine Freunden. Und wann daß er zornig war, so paußeten und flodderten ihm seine Backen und stunden ihm herrlich und weislich nit übel."
Auch um den früher unbewaldeten Falkensteiner Burgberg und insbesondere um den zur Burg hinaufführenden Weg hat sich die Sage gesponnen. Wir kennen gleich drei verschiedene Fassungen. In der einen ist es ein jagdfroher Riese der Vorzeit, der seine schöne Tochter nur dem geben will, der in einem einzigen Tage eine Straße bis zum Berggipfel zu bauen vermag. Freund Hein, der Tod, vollbringt das Wunder, nimmt aber die Braut auch gleich mit sich ins Schattenreich. In der zweiten Fassung wirbt ein Ritter Kuno von Sayn um die schöne Irmengard von Falkenstein. Deren Vater stellt ihm die gleiche Aufgabe wie der Riese dem unerkannten Tod. Kuno gewinnt die Hilfe des Berggeistes

Kronberg·Flügelstamm·

Staffel

und seiner Gnomen. Sie bauen in einer Nacht den Reit- und Fahrweg, er erhält die Braut und wird glücklich mit ihr. In der dritten Fassung wird der Teufel selbst zum Wegebauer, und eine Felsklippe, vom „Dettweiler-Tempel“ bekrönt, heißt ja in der Tat bis heute die „Teufelskanzel“.
Erbe des letzten Hattsteiners auf Falkenstein wurde 1516 Wilhelm von Staffel (von Staffel an der Lahn). Nach dem Dreißigjährigen Krieg wohnte sein Nachkomme Gerhard Adam von Staffel einsam mit einem Diener auf der Burg, wegen der beiderseitigen Gerechtsame in ständigem Streit mit den Herren von Cronberg. Dabei ging es auch um die Hochgerichtsbarkeit, die von den Cronbergern, mit einigem Recht, beansprucht wurde.
Die neuere Geschichte von Norings-Falkenstein hat Th. Schüler in seinem Aufsatz „Falkenstein als Einzelstaat“ (1900) so anschaulich aufgrund der Quellen dargestellt, daß wir uns ihm eng anschließen können. Im Jahre 1659 bot der von Staffel, des ewigen Streites müde und wohl auch in Geldnöten, sein Lehen dem Kurfürsten von Mainz an. Es bestand, seiner Aufzählung nach, aus der Burg mit noch guten Mauern und Türmen, aber mit verfallenden Wohnräumen und Ställen und ohne wasserspendenden Brunnen, der Hochgerichtsbarkeit im „Walde Dieppes“ (dem Diebsbusch, wo früher nach Aussage der Kronberger deren Galgen gestanden haben sollte), der Kapelle vor dem Hause, dem Dorfe Nörings, von fünfzehn Familien bewohnt, 45 Morgen Ackerland, 69 Morgen Wiesen und etlichen hundert Morgen Eichen- und Buchenwald samt

Jagdgerechtsamen. Im Kaufpreis von 8000 Reichstalern oder 12000 Gulden sollten noch ein Hof in Dauborn und verschiedene Frucht- und Geldgefälle inbegriffen sein.
Der Handel zerschlug sich jedoch, weil sowohl die Kronberger als auch die Nassauer Einspruch erhoben. Der Streit ging weiter, bis der Ritterhauptmann Adolf Karl Johann Freiherr von Bettendorf, kurmainzischer Oberamtmann zu Königstein, 1679/81 die Rechte des letzten Staffelers und der Kronberger erwarb und die Belehnung von Nassau-Saarbrücken erlangte.
Für die Bewohner von Nörings war dieser Verkauf ein sehr schlechter Tausch. Bisher hatten sie nur bescheidene Abgaben in Geld und Hühnern zu leisten gehabt. Nun jedoch versuchten die neuen Herren, sie zu Frondiensten heranzuziehen, und die Forderungen der Bettendorfer steigerten sich vom Vater über den Sohn bis zum Enkel. Der Sohn, Lotharius Karl von Bettendorf, der 1705 zur Herrschaft gekommen war, ließ die alte, seit 1460 bezeugte Kapelle „vor dem Hause", also dem Burgbezirk, abbrechen und aus ihren Steinen und neuem Baumaterial die neue, geräumigere Kirche errichten, die erst jetzt, abgesehen vom stehengebliebenen Turm, durch ein modernes Bauwerk ersetzt wurde.
Der Enkel, Johann Philipp von Bettendorf, der 1746 folgte, erwies sich als einer der typischen kleinen Tyrannen seines Jahrhunderts. Er verlangte von den Leuten von Nörings nicht nur die Instandhaltung und das Heuen des zur Herrschaft Falkenstein gehörigen Wiesengeländes, sondern auch noch die entsprechenden Arbeiten auf seinen Bestallungsgütern in Königstein und Hornau. Die Bauern sollten für ihn nicht allein achtzig Klafter Brennholz in den Wäldern schlagen und beifahren, er verlangte von ihnen überdies die Abfahrt des von ihm weiterverkauften Holzes. Zudem wurden sie im Auftrag der „Gnädigen" vielfach als Boten nach Frankfurt, Mainz, Usingen und Idstein gesandt, was jedesmal mindestens einen verlorenen Arbeitstag bedeutete. Die Frauen erhielten die Auflage, im Winter soviel Flachs für die Herrschaft zu spinnen, daß ihnen kaum Zeit für die eigene Hausarbeit blieb. Als die Bewohner von Nörings sich Gegenvorstellungen erlaubten, ließ der Freiherr ihnen durch seinen Keller (Verwalter) mitteilen, sie seien dienstbare und mithin leibeigene Leute, und drohte ihnen bei Arbeitsverweigerung Geldstrafen, ja Zuchthaus an.
Die Dorfbewohner wandten sich beschwerdeführend an den nassauischen Lehenhof, mit dem Erfolg, daß Bettendorf sie wegen Verweigerung von Holzfahrten mit einer Strafe von fünf Reichstalern belegte und das Geld durch kurmainzische Soldaten von der Festung Königstein eintreiben ließ.

Jetzt gingen seine erbitterten Untertanen zum Reichskammergericht in Wetzlar. Doch der Freiherr ließ durch die Ritterschaftskanzlei zu Friedberg erklären, daß diese für Falkenstein zuständig sei. Es dauerte über achtzehn Jahre, bis man sich in Wetzlar tatsächlich entschloß, die Akten an die Burg Friedberg abzugeben. Diese knappen zwei Jahrzehnte waren für die Leute von Nörings ein Gewinn, denn solange das Verfahren anhängig war, konnte Bettendorf nichts gegen sie unternehmen. Nun ließ er jedoch sofort vier ritterschaftliche Musketiere nach Nörings-Falkenstein in Marsch setzen, aber im Dorf wies man sie mit der Erklärung ab, daß man beim Reichskammergericht Berufung eingelegt habe.

Nassau

Bettendorf

Ein Kommissar, der vermitteln sollte und mit den vierzig Gemeindemitgliedern auf dem Rathaus verhandelte, richtete nichts aus und meinte in seinem Bericht, das Verhalten der Leute von Nörings sei so unverständlich nicht, denn wenn sie abermals eine Frist von achtzehn Jahren herausschlügen, dann seien die Prozeßkosten gegen die auf 6240 Gulden Frohndegebühren zu veranschlagenden Dienste ganz wohl angewendet. Der Freiherr von Bettendorf beschloß, von der Berufungsklage des Dorfes keine Notiz zu nehmen. Er versuchte, die Bauern und Handwerker zunächst durch die Einquartierung von Soldaten mürbe zu machen, ein dazumal recht beliebtes Verfahren. Als dies keinen Erfolg zeitigte, beschloß er, die „Rädelsführer" Rißbeck, Gerhard Hasselbach und Wilhelm Pfaff ausheben zu lassen. Zu diesem Unternehmen, das in der Frühe des 17. Januar 1771 stattfand, wurden sowohl zwei ritterschaftliche Musketiere als auch fünf kurmainzische Husaren abkommandiert. Hasselbach und Pfaff erklärten jedoch, sie seien krank, und ließen sich nicht bewegen, das Bett zu verlassen. Rißbeck wurde zwar festgenommen, entsprang jedoch, als der Soldat, der ihn abtransportieren sollte, das Pech hatte, im Schnee auszugleiten und hinzufallen. „Von seiner Verfolgung mußte abgesehen werden, weil auf das Sturmläuten des Schulmeisters die desperaten Bauern mit Sensen und Mistgabeln herbeiliefen und Gewalt mit Gewalt zu vertreiben drohten."

Als nach einigen Tagen ein neues Mainzer Exekutionskommando, 22 Mann stark, von Kronberg her anrückte, das 1704 nach dem Tode des letzten Freiherrn von Cronberg auch mainzisch hatte werden müssen, fand man Nörings-Falkenstein leer. Die männlichen Einwohner hatten sich mit Vieh und Hausrat in die Wälder und benachbarte, nichtmainzische Orte gerettet. Der wackere kurmainzische Korporal, der offenbar das Herz auf dem rechten Fleck hatte, berichtete über seinen Mißerfolg und empfahl, die Leute, die „so herunter seien", doch in Ruhe zu lassen. Das Elend der im Dorf verbliebenen unschuldigen Weiber und Kinder heische Mitleid.

Doch der Freiherr von Bettendorf hielt nichts von christlichem Mitleid. Als die Nöringer im Herbst 1771 wiederum die Wiesen- und Spinnfrohnden verweigerten, wartete er nur eine günstige Gelegenheit ab. Als man ihm am 11. Dezember zutrug, eine sechzehn Mann starke Abordnung des Dorfes habe sich auf den Weg nach Wetzlar gemacht, um dort noch einmal alles mündlich vorzutragen, sandte er dreißig Soldaten der Festung Königstein hinüber und ließ von diesen, ungeachtet des Jammers der Zurückgebliebenen, vorwiegend Frauen und Kinder, alles abtransportieren, was einigen Wert hatte.

Das Reichskammergericht befahl die Einstellung weiterer exekutorischer Maßnahmen, doch erst Freund Hein befreite die Falkensteiner endgültig von ihrem Tyrannen. Er nahm den Freiherrn Johann Philipp von Bettendorf nach kurzer Krankheit am 27. August 1773 hinweg, und weil er keinen männlichen Nachkommen hinterließ, war das Mannlehen Nörings „auf den Heimfall gestellt", d. h. es fiel an Nassau zurück. Da die Nassauer jedoch befürchten mußten, daß die Bettendorfschen Erben oder aber auch die Kurmainzer sehr rasch „vollendete Tatsachen" schaffen könnten, machten sich die nassauischen Beamten nach dem Bekanntwerden der Todesnachricht noch am Abend dieses Tages zu Pferd von Idstein her auf den Weg. Abends um acht ritten sie los, der Hofrat Rösler, der Notar Langsdorf, der Oberförster Häuser sowie mehrere Jäger. Obwohl sie, um unbemerkt zu bleiben, schlechte Waldwege benutzten,

Burg Falkenstein, Rekonstruktionszeichnung. (Nach Daniel Meißner u. a.)

trafen sie schon um neun in Falkenstein ein, wo die Tore bereits geschlossen waren. Der Maurermeister Andreas Hasselbach und der Bäcker Andreas Eigner öffneten ihnen und wurden vom Notar sofort zu Zeugen bestimmt.

Nun vollzog sich ein malerisches kleines Schauspiel, das im Zeitalter der Aufklärung noch einmal mittelalterliches Brauchtum lebendig werden ließ. Die Einwohnerschaft wurde unter der Dorflinde vor dem Rathaus zusammengerufen. Hoch zu Roß sitzend, ein Licht in der Hand, las der Notar den Leuten von Nörings-Falkenstein das von ihm an der Rathaustür angeschlagene Besitznahme-Patent laut vor und zeigte ihnen den Lehenkaufschilling von 720 Gulden, der für die Bettendorfschen Erben bestimmt war. Anschließend ritt man zur Burg hinauf und nahm den dort, in den verfallenen Bauten, wohnenden drei armen Familien das Handgelöbnis ab. Danach schritt man zur Besitznahme der Ober- und Untermühle. Der Hainwald wurde durch Anschlagung der nassauisch-idsteinischen Waldaxt in Besitz genommen, die Talmühle besucht. Im Kocherfelswald feuerte man mehrere Schüsse ab, um damit kundzutun, daß die Jagdgerechtsame an Nassau heimgefallen waren. Schwierigkeiten ergaben sich in Kronberg, weil die Torhüter nicht öffnen wollten. Dort gehörte der Hellhof, heute in seinem erhaltenen Teil wieder hergerichtet und zu Kunstausstellungen dienend, zum Lehen. Endlich, nachdem schon die zweite Stunde nach Mitternacht vorüber war, wurde noch in der Falkensteiner Kirche die Heimfallerklärung der „jura episcopalia et ecclesiastica“ verlesen, wogegen der Falkensteiner Lehrer Bing Protest erhob.

Sehr aufschlußreich und interessant ist die „Sozialstatistik" des damaligen Dorfes, wie sie Schüler bietet. In den 41 Häusern befanden sich 32 katholische, 11 evangelische und 10 jüdische Haushaltungen. Von den Familienvätern waren 15 sogenannte „Fuhrenhalter" mit neun Paar Ochsen und sieben Paar Kühen. Unter den „Einzlingen", den Unverheirateten also, gab es zwei Absatzschneider, drei Maurer, je einen Leinen- und Strumpfweber, zwei Zimmerleute und je einen Schlosser, Schuhmacher, Bäcker, Händler und Wirt. Die übrigen Bewohner spannen Wolle für die Friedrichsdorfer, die Nachkommen der 1685 von Landgraf Friedrich II. von Hessen-Homburg angesiedelten reformierten Franzosen, die im 18. Jahrhundert eine rasch aufblühende Textilindustrie mit eigener Färberei entwickelt hatten. Schon zwei Jahre vor dem Tod des letzten Bettendorf hatte Friedrichsdorf die Stadtrechte erhalten.
Nassau tat alles, was es konnte, um die Falkensteiner für sich zu gewinnen. Es befriedigte auch die Ansprüche der Bettendorfschen Erben mit 7000 Gulden. Doch nun kamen die leidigen konfessionellen Streitigkeiten auf und vergifteten erneut die Atmosphäre. Als das Kirchenpatronat 1535 an die Stolberger fiel, war die Falkensteiner Burgsiedlung 1540 evangelisch geworden. Von den Ganerben wurden die Kronberger lutherisch, die Staffeler blieben katholisch. Als die Grafschaft Königstein mainzisch wurde, ging auch das Kirchenpatronat auf den Erzbischof und Kurfürsten über. Dagegen wehrten sich die Kronberger Ganerben, mit dem Erfolg, daß sie die Gegenreformation in Falkenstein bis in die ersten Jahre des Dreißigjährigen Krieges hinein aufzuhalten vermochten. Als aber von 1626 an in Kronberg wieder katholische Gottesdienste stattfanden, stieß Mainz sofort auch in Falkenstein vor. Nun sollte nach dem Willen Nassaus die von Lothar Karl von Bettendorf errichtete neue Dorfkirche fortan als Simultankirche beiden Konfessionen dienen, worauf der Mainzer Erzbischof erklären ließ, die Kirche sei sein Eigentum und nur für den katholischen Gottesdienst bestimmt.
Nassau – Falkenstein war dem Oberamt Idstein zugeteilt worden – versuchte, die Falkensteiner günstig zu stimmen. Es veranstaltete am 25. und 26. April 1775 eine große „Huldigungsfeier", mit anderthalb Pfund Pulver zum Anschießen des Festes, einer Festmahlzeit für das Gericht, Wein und Weißbrot für alle Bewohner und einem Tanz für die jungen Leute. Die Dorfbewohner nahmen alles dankbar und freudig entgegen. Als man aber am 18. Mai den zum neuen evangelischen Pfarrer in Falkenstein vorgesehenen Kandidaten Diefenbach aus Oberrod in einer vierspännigen Kutsche zur Vorstellung ins Dorf brachte, nahmen die Falkensteiner Katholiken, wohl von Königstein und Mainz her aufgeputscht, eine drohende Haltung ein. Am 21. Mai, dem Tag, an dem der

erste evangelische Gottesdienst stattfinden sollte, kam es dann zu offenen Feindseligkeiten.
Ein Idsteiner Schlosser und ein Schreiner, die vorweg einen Altartisch in der Kirche aufstellen sollten, wurden recht unsanft aus dem Gotteshaus verwiesen. Als der eigentliche berittene Zug mit Oberamtmann Rösler, Oberamtssekretär Justi, Notar Langsdorf, Pfarrer Diefenbach und einem Dutzend Jägern sich Falkenstein näherte, erklang unverhofft das Geläut der Kirchenglocken. Man meinte, daß die Katholiken zuerst ihren Gottesdienst abhalten wollten, und beschloß, solange auf der Wiese am Wegrand zu rasten. Doch da wälzte sich vom Dorf her ein bewaffneter Bauernhaufe auf sie zu. Die katholischen Falkensteiner hatten schon in der Frühe Verstärkung herbeigeholt. Dem Bericht des Oberamtmanns zufolge, der beim Rückzug in den schützenden Wald sogar seinen Hut verlor, befanden sich sechs- bis achthundert mit Flinten, Hacken, Beilen, Prügeln und Stangen ausgerüstete Bauern im Orte, die nur ein Ziel im Auge hatten: die Abhaltung des protestantischen Gottesdienstes in der Kirche zu verhindern, was ihnen auch gelang, da zum Glück den nassauischen Jägern der Gebrauch der Schußwaffe verboten worden war.
Da es sich immerhin um tätlichen Widerstand gegen die Staatsgewalt handelte, mußte Nassau später energisch durchgreifen. Die Anführer des Aufruhrs, insgesamt sieben, wurden teilweise in Idstein, wohin sie sich ganz harmlos in Geschäften begeben hatten, festgenommen, vor Gericht gestellt und zu Zuchthausstrafen verurteilt. Zwei von ihnen flohen und mußten von ihrem Zufluchtsort aus mit ansehen, wie ihr Haus-

wesen langsam zerfiel. Ein besonders Schlauer hatte sich einen mit Bier gefüllten Braukessel als Versteck gewählt, in dem er jedesmal untertauchte, wenn die Lage brenzlig wurde. Doch fand sich ein Verräter, und er wurde in der Nacht ausgehoben.

Als 1776 der Mainzer Domdechant von Schmitz sich erbot, den Ort Falkenstein für 44000 Gulden zu erwerben, hätte Nassau am liebsten zugestimmt, wenn Mainz bereit gewesen wäre, den Falkensteiner evangelischen Christen die freie Religionsausübung zu gestatten. Auf diesem Ohr hörten jedoch die Herren in Mainz sehr schlecht. Auch Verkaufsverhandlungen mit Hessen-Hanau 1777 und der mittelrheinisch-wetterauischen Reichsritterschaft 1785 zerschlugen sich.

So blieb denn Falkenstein, wie es nun schon allgemein genannt wurde, mittlerweile auf 57 christliche und 15 jüdische Haushaltungen angewachsen, nassauisch. Mit Kurmainz kam man 1785 überein, daß die evangelischen Dorfbewohner die Kronberger Kirche besuchen mußten, aber sich wenigstens einen eigenen Friedhof anlegen durften. Außerdem hatte man schon 1778 eine Schule unter dem evangelischen Lehrer Ludwig Ohlenmacher im Hause des flüchtigen Andreas Hasselbach eingerichtet, und die Juden durften seit 1777 bzw. 1784 das Haus des ebenfalls abwesenden Bäckers Eigner als Schule und Synagoge benutzen. Durch das nassauische Simultanschulgesetz von 1817 wurden dann katholische und evangelische Kinder in einem Schulsaal vereinigt. Die bescheidene Falkensteiner Synagoge bestand bis 1906. Dann zog man in die von wohlhabenden jüdischen Bürgern Frankfurts in Königstein errichtete neue Synagoge um, die 1938 zerstört wurde.

Für die Burg Falkenstein taten die Nassauer nichts mehr. Sie ließen das alte Wohngebäude 1784 als baufällig niederlegen, und was sonst noch vorhanden war, diente, wie in Königstein auch, als billiger Steinbruch, bis dann im 19. Jahrhundert der Frankfurter Bürger Johann Adam Hermann Osterrieth ein Verbot weiteren Abbruchs erwirkte. Er ließ auch die verbliebenen Reste sichern und befestigen und machte den Turm für Besucher zugänglich. So ist „Neu-Falkenstein“ wenigstens nicht ganz untergegangen.

In der zweiten Hälfte des 19. Jahrhunderts begann man einen Schatz Falkensteins zu entdecken, auf den die Menschen vergangener Jahrhunderte wenig oder gar nicht geachtet hatten: die reine, gesunde Bergluft. So entstand um 1875/76 die berühmte Heilanstalt für Lungenkranke, deren Leitung Dr. Peter Dettweiler übernahm. Am 4. August 1837 zu Wintersheim geboren, setzte er sich vor allem für die Behandlung der damals noch gefürchteten Krankheit in Spezialkliniken ein. Sein Hauptwerk „Die Behandlung der Lungenschwindsucht in geschlossenen Heil-

Joh. Friedrich Morgenstern (1777—1844), Burg Falkenstein

anstalten" erschien 1880. Am 12. Januar 1904 ist dieser große Arzt und Menschenfreund, selbst von der Krankheit erfaßt, in Kronberg verstorben. Sein Haus in der Hainstraße steht dort immer noch, während die Heilanstalt bald nach seinem Tode abgerissen wurde. An ihre Stelle trat, von 1909 ab, das Offiziers-Genesungsheim, an dessen Gründung und Bau Kaiser Wilhelm II. lebhaften Anteil nahm. Heute gehört der das Gesicht Falkensteins stark mitbestimmende Gebäudekomplex dem Landeswohlfahrtsverband Hessen und dient als Pflege- und Heilstätte für stark behinderte Kinder.

Um 1875 setzte auch in Falkenstein der Bau von Landhäusern und Villen des Frankfurter Stadtbürgertums ein, am Johannisbrunnen- und Reichenbachweg vor allem, später auch in der Gartenstraße und anderwärts. Manches, was damals entstand und sich bis jetzt gehalten hat, erscheint uns heute als charakteristisch für eine Epoche, die ihre Wohlhabenheit durch eine entsprechende „Repräsentanz" zu unterstreichen liebte, ohne dabei auf den ursprünglichen baulichen Bestand der Taunusdörfer und -städte Rücksicht zu nehmen.

Wie man weiß, versuchten dann die Begründer des „Jugendstils" dem leeren Prunk wieder eine ehrliche Baugesinnung und klare Formen ent-

gegenzusetzen, und ein schönes, erfreulicherweise fast unverändert gebliebenes Beispiel dieses Jugendstils ist die Falkensteiner Martin-Luther-Kirche, die 1913 nach Entwurf von Kirchenbaumeister Hofmann aus Herborn entstand. Zahlreiche Falkensteiner und Kronberger Familien, der Gustav-Adolf-Verein und der Kaiser trugen durch Spenden zu den Baukosten bei. Am 1. Oktober 1913 wurden die evangelischen Falkensteiner Filialgemeinde von Kronberg, seit dem 1. Januar 1964 war Falkenstein dem evangelischen Pfarramt Königstein zugeordnet und hatte eine Pfarrvikarstelle. Jetzt ist es selbständig.
Als Höhenluftkurort hat Falkenstein seit der Jahrhundertwende ständig an Bedeutung gewonnen. Die herrlichen Taunuswälder sind ganz nahe, die Taunusberge geben Windschutz, und oft herrscht hier oben Sonnenschein, wenn die Mainebene in Dunst und Nebel versunken zu sein scheint. Am wirtschaftlichen Aufschwung seit 1948 hat der Ort in starkem Maße teilgenommen, sich nach Nordosten, Nordwesten und Süden erheblich ausgedehnt. Schon 1961 umfaßte die Wohnbevölkerung 2344 Personen. Der alte dörfliche Charakter ist weitgehend verlorengegangen. Sogar der einst so idyllisch und still für sich gelegene Friedhof ist heute von den modernen Wohnhäusern des zweiten „Neu-Falkenstein" umgeben. Nur der schon im Waldbezirk liegende jüdische Friedhof konnte seine Randstellung behaupten.
Zum Glück gibt es noch einige Zeugen Alt-Falkensteins-Nörings, die Familiennamen der Alteingesessenen, das originelle, wahrscheinlich aus dem 17. Jahrhundert stammende Rathaus, einige Fachwerkbauten aus derselben oder einer früheren Epoche, den Turm der katholischen Kirche und vor allem die Burgruine mit dem Wahrzeichen Falkensteins, dem Bergfried.
Unter den modernen Bauten Falkensteins ist die Hessische Erwachsenenbildungsstätte, bis 1978 ein Teil der Adolf-Reichwein-Stiftung, jetzt vom Lande Hessen getragen, wohl der markanteste. In Wochen- und Wochenendseminaren werden hier von einem Studienleiter und einem halben Dutzend pädagogischer Mitarbeiter einmal in der Erwachsenenbildung Tätige geschult und weitergefördert, daneben aber dient diese Stätte auch Abordnungen der Volkshochschulen sowie der Bildungsarbeit mit Jugendlichen, deutschen und internationalen Gruppen. Schließlich werden auch Aussiedler in das „neue Leben" in der Bundesrepublik eingeführt. Der Gruppenarbeit mit Gespräch und Diskussion wird der Vorzug gegeben. Wirtschafts- und Industriebetriebe, Kultur- und Sozialeinrichtungen werden besucht. Schließlich pflegt man hier auch den internationalen Austausch mit England, Frankreich und Italien, eine gerade im Hinblick auf den Europa-Gedanken wichtige Aufgabe.

Während die Bewohner von Nörings-Falkenstein in den früheren Jahrhunderten still für sich lebten, soweit ihre wechselnden Herren dies zuließen, hat das heutige Falkenstein sich einen besonderen Kontakt zur europäischen Umwelt geschaffen. Seit 1967 besteht eine Partnerschaft mit der französischen Stadt Le Mêle-sur-Sarthe, die auf halbem Wege zwischen Paris und Rennes liegt, zwanzig Kilometer vor Alençon, inmitten der saftigen grünen Weiden der Normandie. Die Stadt selbst zählt nur 865 Einwohner, ist jedoch Mittelpunkt eines Kantons, der aus fünfzehn Gemeinden besteht, und blickt auf eine Geschichte zurück, die ebenso reich und bunt ist wie die Falkensteins. Ihren Namen (im Mittelalter „Merula super Sartham") verdankt sie der „Merula", der heute noch dort sehr häufigen Amsel. Im Mai 1967 nahmen achtzig Falkensteiner Bürger am Partnerschaftsfest in Le Mêle teil, im November wurde das von Falkenstein gestiftete Kirchenfenster dort eingeweiht, und im Juli 1968 fand die Partnerschaftsfeier in Falkenstein statt, bei welcher Gelegenheit man sogar im Hof der Burgruine einen Ochsen am Spieß gebraten hat. Die besondere Pflege der Partnerschaft, in die auch der so wichtige Jugendaustausch einbezogen ist, obliegt der 1967 begründeten „Gesellschaft zur Pflege internationaler Beziehungen e.V., Falkenstein". Seither sind die Beziehungen immer enger und herzlicher geworden. Man besucht einander mit Omnibus oder auch auf Fahrrädern, hält ökumenische Gottesdienste, spielt miteinander Fußball, feiert drüben „Seefeste" und hüben „Cidre-Feste", bei denen die über 200 Jahre alte

Le Mêle-sur-Sarthe

und 10 Tonnen schwere Apfelweinpresse eine wichtige Rolle spielt. Sie wurde den Falkensteinern von ihren französischen Freunden zum zehnjährigen Bestehen der Partnerschaft geschenkt.
Unter den vielen Besuchern der Burgruine ist auch Stefan George zu nennen, der öfter in Königstein zu Besuch weilte. Ihm verdanken wir das dem Freunde Ernst Morwitz gewidmete Gedicht „Burg Falkenstein" in dem Bande „Das Neue Reich" von 1928. Die Anfangsstrophen fassen das Bild der beiden Taunuswehrbauten und der zu ihren Füßen entstandenen Siedlungen Königstein und Falkenstein so schön und eindringlich ins Wort, daß wir mit ihnen unseren kleinen Abriß der Falkensteiner Geschichte beschließen wollen:

Zur bewaldeten kuppe stieg ich an neben dir
Wo auf rauh-gradem eckturm sich der rundturm erhebt
Und aus verwitterter fuge ein lebendiger baum.
Hier liegt der heiden-wall dort das trümmerkastell.
Und stufig sich senkend ringsum hügel und ort
Bis zum fernen geleucht unseres ewigen Stromes.
Ich deutete abwärts: sieh das rätselgesicht
Dieser massigen veste gegenüber im blau
Und das liebliche bachtal . . . da fühl ich wie einst
In der friedvollen vorzeit gemächlichem graun
In dem murmeln der haine und abends im hüttenrauch
Eine ganze verträumte kindheit erzittern.

Richard Fresenius, Falkenstein im Taunus (1879)

Alt-Schneidhain mit Blick auf Burg Königstein. Aquarell von John Sowden

SCHNEIDHAIN

Die ältesten Urkunden zur Geschichte von Schneidhain stammen aus dem 13. Jahrhundert. In einem nicht datierten Kopialbuch des Mainzer Stephansstifts, das um 1215 angelegt wurde, ist festgehalten, daß der Königsteiner Burgkaplan in der Kirche zu „Sneithan“ die Messe liest. In einer Urkunde vom 30. Dezember 1222 nimmt Erzbischof Siegfried II. von Mainz die dem Kloster Retters gehörenden Besitzungen in seinen Schutz, darunter auch eine Hube, ein Bauerngut, in „Sneithagin“. 1280 bekennt Ritter Konrad von Sulzbach, Burgmann auf Königstein, daß ihn das Kloster Retters mit seinem Hof in Schneidhain auf Lebenszeit belehnt hat. Er verpflichtet sich, das Pachtgeld jährlich zu Martini zu zahlen, dazu noch einen weiteren kleinen Betrag für eine Wiese, die er gemeinsam mit Simon Gastwirt zu Königstein nutzt. 1387 wird der Hof von Philipp von Falkenstein auf Königstein von allen herrschaftlichen Abgaben und Steuern befreit.

Wie der Neuenhainer Geschichtsschreiber, Pfarrer Otto Raven, schreibt, gehörte Schneidhain zu der kleinen Grundherrschaft der Vogtei Sulzbach, die Konrad II. (1024–1039) dem von ihm gestifteten Kloster Limburg an der Hardt geschenkt hatte. Wahrscheinlich war Schneidhain zunächst einfach ein Nebenhof des Sulzbacher Fron- oder Herrenhofs. Als sich dann allmählich aus dem Hof eine dörfliche Siedlung entwickelte, wurde für deren Bewohner eine Fachwerkkapelle erbaut, für die der Sulzbacher Altarist zuständig war. Schließlich wurde das Kirchlein zur Kirche erhoben, mit dem Recht zu Taufe und Begräbnis. Nur zur „Send“, zur geistlichen Visitation, mußte der Schneidhainer Pfarrer nach wie vor in Sulzbach erscheinen. Die Pfarrei besaß Grundstücke, wohl fromme Stiftungen, in Schneidhainer, Altenhainer und Königsteiner Gemarkung, dazu weiteres Gut in Schwalbach, Hofheim, Kriftel, Okriftel, Zeilsheim und Münster. Sie wurde zunächst, wie oben gesagt, vom Königsteiner Burgkaplan verwaltet. 1422 gibt es dann einen Schneidhainer Plebanus, einen Dorfpfarrer. Sein Kirchspiel umfaßte auch Altenhain, den Hof Beidenau und das in der Nähe von Schloßborn gelegene Dörfchen Dietzelshain, das um 1465 ausging. Das Recht der Pfarrbesetzung lag zunächst bei den Eppsteinern, fiel aber 1473, nach der Bruderteilung, durch einen Tausch an die Königsteiner Linie, die von 1418 bis 1481 auch mit der Vogtei Sulzbach belehnt und damit weltlicher Herr im Dorf war. Außer dem Sulzbacher Fronhof-Gericht gab es auch ein Schneidhainer Dinghof-Gericht, und der Dinghof wird noch 1772 erwähnt.

1540 führte Graf Ludwig von Stolberg-Königstein in der Herrschaft Königstein die Reformation ein. Diese behauptete sich bis 1581/82. Danach kam das Reichslehen an Kurmainz und wurde von 1601 an rekatholisiert. Anders verlief die Entwicklung in der Vogtei Sulzbach. Hören wir dazu den Königsteiner Chronisten Georg Piepenbring. Zum siebenhundertjährigen Bestehen Schneidhains schrieb er 1923 in der „Taunus-Zeitung": „Im Jahre 1582 nahm Philipp Wolf von Pfraunheim im Namen der Kurpfalz, welche 1575 das Kloster Heilig-Kreuz zu Limburg an der Hardt eingezogen hatte, Schneidhain mit dessen Gütern ein. Als sich Kurmainz beschwerte, wurde ihm erklärt, daß ja Graf Ludwig von Stolberg hier auch die Weinberge und Höfe, welche dem Kloster Retters und den Kugelherren zu Königstein gehörten, eingezogen hätte. Darauf die kurmainzischen Beamten den kurpfälzischen erklärten: Stolberg hätte der Kirche nichts entzogen, sondern aus den übergebenen Kugelhausgefällen würden Kirche und Kirchendiener unterhalten, auch Schule und Schulmeister besoldet und noch mehr. Kurpfalz blieb aber ruhig im Besitz der Vogtei Sulzbach, erbaute sogar bei Schneidhain unter dem Johanniswäldchen ein Försterhaus für die Förster über die Sulzbacher Mark. Dann wurden auf Befehl von Kurpfalz Schneidhain und Altenhain eine Filiale von Neuenhain. Nach den Urkunden aus dem Königsteiner Jurisdiktionalbuch scheint aber Schneidhain sehr zurückgegangen zu sein, denn hier werden noch im Jahr 1619 mit seiner Kirche 7 bis 8 Wohnhäuser angegeben, und Dietzelshain und Beidenau sind schon nicht mehr vorhanden, nur die Kirche vom ersteren Orte stand noch, von welcher sich Schneidhain die noch vorhandene Glocke holte und in seiner Kirche aufhängte bis 1882, wo sie umgegossen wurde. Die alte Kirche von Dietzelshain wurde dann während des Dreißigjährigen Krieges noch vollständig zerstört."

Dem ist hinzuzufügen, daß die Kurpfalz reformiert war, und so mußten auch die Untertanen in der Vogtei Sulzbach mit Schneidhain Reformierte werden. 1626, als ein spanisches Heer unter dem Kaiser die ganze Gegend besetzt hatte, wurde man wieder katholisch, bis zum schwedischen Zwischenspiel von 1631/35. Der Westfälische Friede von 1648 stellte die pfälzische Herrschaft in der Vogtei wieder her. Ein reformierter Pfarrer und ein reformierter Schulmeister nahmen in Neuenhain den Dienst wieder auf. Doch schon zwei Jahre später kam es zu einem Tausch. Kurpfalz erhielt einige katholische Dörfer in der Gegend von Heidelberg und gab dafür die Vogtei Sulzbach an Kurmainz. Mainz durfte laut Vertrag die lutherische und reformierte Religion zwar nicht mehr abschaffen, aber eine katholische Pfarrei einrichten, was es dann 1652

tat. Die Kirche sollte simultan bleiben. Die Folge waren Reibereien und Streitigkeiten.
Die erste, frühe Fachwerkkirche war mittlerweile durch einen gotischen Steinbau ersetzt worden. Von diesem hat sich die Sakramentsnische aus rotem Sandstein im Chor erhalten. Auch die zweite Kirche wurde baufällig, und 1731 stürzten das Dach und Teile des Mauerwerks ein. Ein Neubau, wohl auf den alten Fundamenten, wurde 1741 geweiht. Gegen Ende des 18. Jahrhunderts wurde die Gemarkungsgrenze zwischen Schneidhain und Königstein neu und endgültig festgelegt. Wir zitieren noch einmal Georg Piepenbring: „Im Jahr 1790, am 20. März, wurde von den Schneidhainern mit den Königsteinern die Gemarkungsgrenze teilweise verändert und auch mit sichtbaren Grenzsteinen versehen, denn die Grenze war bis hierher streitig, und nach den alten Grenzsteinen und Gemarkungsumgängen ging die Königsteiner Grenze dicht an dem Schneidhainer Kirchhof vorbei zur Judenhohl und über den Wallgraben zum Wald hinauf, so daß noch zur rechten Seite ein Wohnhaus der Schneidhainer in der Gemarkung Königstein lag. Beide Gemeinden vereinigten sich dann und stellten damals die heute noch bestehende Grenze mit sichtbaren Grenzsteinen fest. Die von Schneidhain an Königstein geleistete Entschädigung wurde sogleich von beiden Gerichten, Geometer und Schultheißen verzehrt und vertrunken."
Mit der Zerschlagung des ehrwürdigen Kurfürstentums Mainz durch den Reichsdeputationshauptschluß von 1803 wurde Schneidhain mit den Ämtern am Untermain und im Vordertaunus Nassau-Usingen zugeteilt. Schon 1802 erfolgte die „vorläufige" Inbesitznahme. 1806 entstand aus Nassau-Usingen und Nassau-Weilburg ein Gesamt-Herzogtum Nassau. Dieses Staatswesen hatte evangelische Regenten, die jedoch sorgsam darauf bedacht waren, allen Konfessionen gerecht zu werden. So blieben die meisten mainzischen Beamten auf ihren Posten. Die Simultanverwaltung der Schneidhainer Kirche wurde 1839 aufgelöst, ein katholischer und ein evangelischer Fond gebildet, aus dem beide Konfessionen getrennt die Bauunterhaltungskosten bestreiten mußten. Den Turm, die Glocken und den Friedhof unterhielt weiterhin die bürgerliche Gemeinde.
Ein besonderes Ereignis war die Einführung der Simultanschule. Mit dieser erhielt Schneidhain 1818 für seine Kinder den ersten eigenen Lehrer und auch ein Schulgebäude in Gestalt eines alten Hirtenhäuschens. 1823 wurde dann ein regelrechtes Schulgebäude errichtet. Mit der eigenen Dorfschule entfiel für die Kinder der zumal im Winter mühsame Weg nach Neuenhain und zuletzt nach Altenhain. Im Schulhaus befand sich unten die Lehrerwohnung, oben der Schulsaal. Die Zahl der

Kinder war von 33 auf über 60 angestiegen. 1914 kam ein zweiter Lehrsaal, die frühere Lehrerwohnung, hinzu.
1808/09 wurden die jahrhundertealten Waldmarken aufgelöst. So wurde auch die „Sulzbacher Mark" geteilt. Die Teilung stützte sich auf die Einwohnerzahl der berechtigten Märker. Schneidhain hatte damals 42 Haushaltungen und erhielt etwa 80 Morgen Wald, darunter zwei Drittel des Johanniswaldes. Bei der Aufteilung nahm sich das Herzogtum Nassau einen stattlichen Teil, wie die heutigen Staatswaldungen zeigen. 1834 hatte das Dorf 163 Einwohner, und bis 1895 kamen nur 74 hinzu. Um 1900 zählte man kaum 300 Einwohner. Erst mit dem Bau der Kleinbahn Höchst–Königstein begann Schneidhain langsam zu wachsen. 1914 war man bei 400 Einwohnern angelangt.

Nach dem Zweiten Weltkrieg setzte sich das Wachstum in raschem Tempo fort, zumal da ein im Krieg ausgelagerter Industriebetrieb, die jetzige Seeger Orbis GmbH., sich endgültig im einstigen Zankwald niederließ, wodurch mehrere hundert Menschen Arbeitsplätze erhielten. Beim Werk entstand eine ganze Wohnsiedlung. Auch sonst wurde überall Baugelände erschlossen, im Kastanienhain, am Hohlberg, im Hainchen, an der Milcheshohl, in der Ziegelheck und im Johanniswald. Die Einwohnerzahl vervierfachte sich allmählich. So kam auch zu der 1944 wieder eingerichteten zweiten Lehrerstelle eine dritte hinzu. Man mußte in zwei Schulräumen Schichtunterricht halten, bis 1959 eine neue Pavillon-Schule gebaut wurde. Die alte Schule wurde zum Rathaus. Seit Ostern 1966 müssen die Schüler des 5. bis 9. Schuljahres in Königstein die Schule besuchen.
Im Gefolge der Dorferweiterung, die zumeist auf Kosten des Waldes ging, mußten neue Straßen gebaut, Kanäle gelegt werden. Es entstanden ein neuer Friedhof mit Trauerhalle, ein Dorfgemeinschaftshaus, ein neuer Sportplatz, Kindergarten und Schwesternstation, Einrichtungen für die Feuerwehr und manches andere. Kurzum: aus Schneidhain wurde eine moderne Gemeinde.
Auch kirchlich entfaltete sich neues Leben. 1950 wurde die katholische Gemeinde, bisher mit Neuenhain verbunden, selbständig. Schon 1949 hatte man eine neue Kapelle gebaut. Damit endete das alte Simultanverhältnis. Die evangelische Gemeinde übernahm 1951 die alte Kapelle und ließ sie in den folgenden Jahren baulich und ausstattungsmäßig gründlich erneuern, bis hin zu farbigen Glasfenstern. Nachdem sie 1927 von Neuenhain nach Königstein umgepfarrt worden und 1968 bis 1973 mit Falkenstein verbunden gewesen war, erlangte sie ab 1. September 1976 ihre Selbständigkeit.

Zum 1. April 1972 schloß sich Schneidhain im Zeichen der hessischen Gemeindereform freiwillig der Stadt Königstein an, führt aber im neuen, größeren Rahmen sein Eigenleben weiter. Die bunte, durch über 750 Jahre laufende Dorfgeschichte soll nicht vergessen werden. Vieles hat sich in diesen Jahrhunderten verändert, doch der Liederbach fließt wie ehedem talwärts, dem Main zu, ein Zeichen der Beständigkeit, der Dauer im Wandel.

RETTERSHOF

Ein beliebtes Ausflugsziel, von Königstein und Schneidhain leicht zu erreichen, ist der Rettershof. Er geht zurück auf das Kloster Retters, das Graf Gerhard von Nurings am 24. September 1146 stiftete. Die Überlieferung berichtet, daß er während des Zweiten Kreuzzugs bei Edessa in die Hände der Ungläubigen gefallen, nach zweijähriger harter Gefangenschaft entkommen und glücklich in die Heimat zurückgekehrt war. Als Dank habe er dann Retters gegründet. Dieser Kreuzzug begann jedoch erst 1147, ein Jahr nach der Stiftung.
Das Kloster war zuerst mit Augustinermönchen besetzt. Noch im 12. Jahrhundert kamen Nonnen hinzu, und um 1200 war Retters nur noch Nonnenkloster. Die Nonnen, meist unverheiratet gebliebene Töchter des niederen Adels, widmeten sich vor allem der Armen- und Krankenpflege. Das Kloster hatte Einkünfte an etwa 70 verschiedenen Orten. Seine Blütezeit fällt in die Jahre bis 1360. Dann tritt ein Rückgang bis 1450 ein. Eine Reform von etwa 1450 bis 1540 führt zu einer bescheidenen Nachblüte. Allmählich wird Retters zu einem adeligen Damenstift. Als die letzte Meisterin, Anna von Riedesel aus dem bekannten, am Vogelsberg heimischen Geschlecht, 1559 starb, gab es nur noch drei adelige Nonnen. Nun griffen die Stolberger auf Königstein rasch zu.
Aus der Klosterzeit haben sich zahlreiche Dokumente und die schönen Siegel erhalten. Wer die Klostergeschichte näher kennenlernen will, der greife zu dem Band „Kelkheim im Taunus. Beiträge zur Geschichte seiner Stadtteile“ (1980). Er enthält eine umfangreiche Darstellung von Dr. Hartmut Bock: „Kloster Retters“, samt einer instruktiven Zeittafel.
Die Stolberger hatten Retters, nun als weltlichen Hof, bis zum Jahre 1581 inne. Die vierhundert Jahre Hofgeschichte stehen im Zeichen oft wechselnder Pächter und Besitzer. Die Klostergebäude wurden im Dreißigjährigen Krieg niedergebrannt bis auf die Grundmauern. Nachdem Königstein kurmainzisch geworden war, wurde auch der Rettershof main-

zisch und blieb es bis zum Reichsdeputationshauptschluß von 1803. Dann kamen die Nassauer bis 1866. Die Preußen, die Nassau annektierten, veräußerten das einstige Klostergut an einen Freiherrn von Dieskau, der das Schlößchen 1884 erbaute. Danach erwarb der Freiherr von Vincke den Hof. Seit 1923 hatte der Major Felix von Richter das Besitztum inne. Er gestaltete das Anwesen im altertümelnden Stil um, wie man ihn um die Jahrhundertwende liebte. Zu Beginn des Jahres 1980 übernahm die Stadt Kelkheim den Rettershof, „um einer Zersplitterung des Besitzes zuvor zu kommen“, wie Dr. Bock schreibt. Das Schlößchen soll künftig als Hotel und zu Tagungen und Konferenzen dienen. Der landwirtschaftliche Besitz wird geschlossen verwaltet. Es gibt überdies einen Reitstall, und der „Fröhliche Landmann“ steht als gastliche Einkehr den Besuchern offen.

Siegel des Priors in Retters von 1241

Siegel der heiligen Jungfrau Maria in Retters, seit 1293

MAMMOLSHAIN

Zum ersten Mal erscheint Mammolshain in der Geschichte mit einer Urkunde von 1191 im Bayerischen Hauptstaatsarchiv in München. Als Graf Gerhard von Nurings das von ihm 1146 gestiftete Kloster Retters wirtschaftlich sicherte, erhielt dieses unter anderm auch in „Meinboldeshagen“ einen Weinberg sowie einen Hof mit einer Hube Ackerland und Wald mit allen Rechten. Meinbold ist ein altdeutscher Männername. Hagen oder Hain bedeutet einen abgegrenzten Bezirk, eine dörfliche Siedlung. Da Dörfer mit der letztgenannten Bezeichnung siedlungsgeschichtlich bis ins Jahr 1000 zurückgehen, nimmt der Geschichtsschreiber des Dorfes, Pfarrer Karl-Wilhelm Bruno, dessen Entstehung auch um diese Zeit an: eine Rodungssiedlung, wie damals viele entstanden.
Nach dem Aussterben der Nuringer 1170 wurde deren Grafschaft aufgeteilt und vom Reich neu vergeben, an die Pfalzgrafen bei Rhein, die Herren von Eppstein und die Reichsministerialen von Hagen, die sich dann nach ihrer neuen Burg von Münzenberg nannten, und die von Bolanden-Falkenstein. Vermutlich kam der Eigenbesitz der Nuringer im Dorf Meinboldeshagen an die Münzenberger. Der letzte männliche Vertreter dieses Geschlechts fand 1255 in einer Fehde mit den Grafen von Katzenelnbogen den Tod. Königstein hatte er schon drei Jahre zuvor seinem Schwager Philipp von Bolanden-Falkenstein überlassen. So wurden auch die Bolander, ursprünglich in der Pfalz beheimatet, für Retters und Mammolshain zuständig.
Das Kloster Retters hatte 1222 schon sieben Hofreiten in Mammolshain inne, mit Äckern, Weinbergen, Wiesen und Wald etwa 200 Morgen. Wahrscheinlich waren das Schenkungen der Münzenberger. 1281 erhielt das Kloster von Werner von Bolanden-Falkenstein und seiner Gattin Mechthild den Weinzehnten im Dorf. Die Bolanden-Falkensteiner verstanden es, fast das ganze Münzenberger Erbe, das geteilt worden war, nach und nach an sich zu ziehen.

Im folgenden Jahrhundert wurde Mammolshain dann zur Vogtei Schwalbach geschlagen, die nur Schwalbach und Mammolshain umfaßte und den seit 1326 auftretenden Rittern von Schwalbach unterstand. Diese hatten auch die Weidegerechtigkeit inne und zogen die Mai-Beede sowie die Korn- und Hafergülde ein. Von diesen Abgaben erhielten sie ein Drittel, während der „Grafenteil“ von zwei Dritteln nach Königstein abgeführt werden mußte. Zum dörflichen Niedergericht mußten die Mammolshainer in Schwalbach erscheinen. Auch hatten sie den Vögten ein Fastnachts- oder Rauchhuhn zu liefern.

Der letzte Herr der Falkenstein-Münzenbergischen Lande, Werner III., verstarb 1418 als Erzbischof von Trier. Erben wurden zwei seiner Neffen, Gottfried VII. und Eberhard II. von Eppstein. Bei der Bruderteilung von 1437 erhielt Eberhard die Herrschaft Königstein, und zu dieser gehörte nun Mammolshain. Im Teilungsvertrag ist festgehalten, daß das Dorf seither den Wein- und den Fruchtzehnten geleistet hat und daß diese nun an den Königsteiner Herren fallen sollen. Die Eppsteiner starben 1535 aus. Ihnen folgten bis 1581 die Stolberger, und danach kam das Reichslehen Königstein an Kurmainz.
Die Jahre unter den Stolbergern waren sehr ereignisreich. Graf Ludwig zu Stolberg-Königstein führte in der 1505 zur Grafschaft erhobenen Herrschaft Königstein seit 1540 die Reformation ein und gab den kirchlichen Gemeinden eine neue, auf der Nürnberger Ordnung beruhende Kirchenverfassung, die später von der mecklenburgischen und schließlich von der pfalz-zweibrückischen Ordnung abgelöst wurde. Unter Mainz kam dann die Rekatholisierung. In Schwalbach-Mammolshain fand am 28. August 1604 auf Befehl des Kurfürsten Johann Schweikart von Cronberg wieder katholischer Gottesdienst statt.
Stolberg machte auch dem Regiment der Schwalbacher Ritter und Vögte ein Ende. 1539 klagten diese, vergeblich, beim Reichskammergericht, der Graf habe sie aus Burg und Besitz verdrängt. Im Zeichen größerer Selbständigkeit begann damit für das Dorf Mammolshain eine neue Epoche. Es erhielt ein vom Grafen eingesetztes Ortsgericht und einen eigenen Schultheiß. Diese Errungenschaften blieben ihm auch unter Kurmainz, in dessen Zeit der Dreißigjährige Krieg mit seinen Schrecken und die vorübergehende Rückkehr der Stolberger in der schwedischen Zeit 1632/35 fallen.
Schon vor dem großen Krieg und auch nach seinem Ende kam es zu zahlreichen Streitigkeiten zwischen Mammolshain, Schwalbach und Kronberg, vor allem wegen der Weidegerechtigkeiten, auf die wir nicht näher eingehen wollen. Eine Bestandsaufnahme nach dem Westfälischen Frieden stellt eine im Hessischen Hauptstaatsarchiv erhaltene Güterbeschreibung von 1650 dar. Sie nennt den Besitz der Mammolshainer Bauern an Äckern, Wiesen, Weingärten, Wald und Hecken. Außer dem Schultheißen Seipel werden 11 Einwohner genannt, dazu 14 „Ausmärker" aus Schwalbach, Königstein und Kronberg. Damals standen im Dorf 12 Häuser, und es gab außerdem als Andenken an die Kriegsschrecken dreieinhalb wüste Hausplätze.
Der Wiederaufbau vollzog sich wie überall im Reich nur sehr langsam. Wie Karl-Wilhelm Bruno anhand der seit 1685 lückenlos überlieferten Schwalbacher Kirchenbücher festgestellt hat, war der Zuzug erstaunlich

groß. Außer Schwalbach und dem Oberamt Königstein erscheinen Leute aus dem Eichsfeld, aus Westfalen, den Niederlanden, Böhmen, Polen und Tirol. 1696 erhielt Mammolshain sein erstes Gerichtssiegel, das auch zum Dorfwappen wurde: in Silber ein von einem schwarzen Pfeil durchbohrtes rotes Herz, aus dem abwechselnd rote Tulpen und blaue Blüten hervorwachsen, mit grünen Stengeln und Blättern.
In den Jahren 1724/26 hatte Mammolshain 10 bis 12 Häuser und 21 Untertanen. 1743 zählte man 22 „Nachbarn", aber 24 oder 25 Häuser. 1790 gab es 30 Familien und insgesamt 160 Einwohner. Damit wurde auch eine eigene Schule fällig, die den Kindern den weiten Weg nach Schwalbach ersparte. Sie entstand vermutlich 1712. 1724 baute man ein neues Haus, das außer der Schule auch die Gemeindebäckerei, „Backes" genannt, und die Gemeindeschmiede aufnahm, dazu die Lehrerwohnung.

Der Schule folgte eine Kirche, die Michaelskapelle, 1736 erbaut, mit einem Portal von 1738. In ihr hielt nun der Schwalbacher Pfarrer Gottesdienst, später zusammen mit Königsteiner Kapuzinern und Höchster Antonitern. Auch Glocken und eine Kirchenuhr wurden angeschafft. Das alles zeugt vom Opfersinn der Bewohner, denn wie Pfarrer Bruno sagt, war und blieb Mammolshain im 18. Jahrhundert „im wesentlichen ein Dorf von Kleinbauern, die neben ihren meist kargen Äckern und dem wenig Geld einbringenden Obstanbau auf die Viehwirtschaft angewiesen waren". Daher kam es auch immer wieder zu Streitereien um die Weiderechte.
Bis 1792 blieb das Dorf von größeren militärischen Heimsuchungen verschont, wenn man die üblichen Einquartierungen und Requisitionen beiseite läßt. Dann aber begann mit den Revolutionskriegen und den wechselnden Belagerungen und Eroberungen der Festung Königstein die Zeit der großen Plagen: Fronfuhren, Fouragelieferungen, Erpressungen und Plünderungen, dazu immer wieder Einquartierungen mit allen ihren Begleiterscheinungen.
1802/03 fiel das Dorf mit den Ämtern am Untermain und Vordertaunus an Nassau-Usingen, das dann seit 1806 mit Nassau-Weilburg ein Gesamtherzogtum Nassau bildete, welches sich dem Rheinbund anschloß. Die Franzosen blieben im Lande. Die Mammolshainer Burschen mußten nassauische Soldaten werden. 1805 hatte das Dorf 31 Familien mit insgesamt 157 Köpfen. Nach der Leipziger Schlacht kamen zuerst die geschlagenen Franzosen und brachten den Typhus mit. Ihnen folgten Kosaken und Russen, und es kam zu Plünderungen und anderen Exzessen. Kein Wunder, daß man aufatmete, als nach Waterloo das Zeitalter Napoleons endete.

Zu einem Streit mit Kronberg war es 1811 gekommen. Es ging dabei um das Sauerbornstal, aus dem in den folgenden Jahren das Kronthal wurde. In diesem Tal hatten Mammolshain und Kronberg ihre gemeinsame Koppelweide. Es ging bei der Auseinandersetzung um die von Nassau eingeführte Grundsteuer. Die Wiesbadener Regierung entschied endlich, daß der obere und bessere Teil des Wiesengrundes zu Mammolshain, der untere und schlechtere Teil zu Kronberg kommen sollte. So standen die Ziegelhütte, das „Steinerne Haus" und das spätere Kurhaus auf Mammolshainer Boden, während der Brunnen- und Kurbetrieb sich von etwa 1834 bis in die siebziger Jahre im Kronberger Bereich abspielte. Heute ist außer den Quellen selbst und der Kronthaler Mineral- und Heilquellen GmbH. nichts mehr von der alten Herrlichkeit des Küster'schen „Bad Cronthal" vorhanden.
Interessant sind die Mammolshainer Einwohnerzahlen für das 19. Jahrhundert: 1819: 202, 1823: 210, 1834: 221, 1858: 251 Einwohner. Dann geht es wieder abwärts: 1864: 238, 1871: 208, 1875: 204. Anschließend gibt es wieder ansteigende Zahlen: 1885: 274, 1895: 333. In diesen Zahlen spiegelt sich deutlich ein wirtschaftliches Auf-und-Ab. Im Zeichen der zunehmenden Industrialisierung verwandelte sich das Kleinbauern- in ein Arbeiterdorf. Viele Mammolshainer wanderten Tag für Tag nach Höchst in die Fabrik. Am allgemeinen Aufschwung nach dem Krieg von 1870/71 und der Reichsgründung nahm auch das Dorf ein wenig teil.
Kirchlich stand das 19. Jahrhundert im Zeichen des Ringens um eigene Gottesdienste. Jedoch wurde das Dorf erst im folgenden Jahrhundert, 1940, Pfarrkuratie und erhielt einen eigenen Pfarrer. Damit wurde die jahrhundertelange Verbindung mit Schwalbach aufgehoben. Auf die zahlreichen „Zwischenlösungen" brauchen wir hier nicht einzugehen. Seit 1838 gab es auch evangelische Mammolshainer. 1843 waren es deren 10, die zur Pfarrei Neuenhain kamen.
Mit dem Anstieg der Bevölkerung wurde auch eine neue Schule notwendig. Sie wurde nach allerlei Schwierigkeiten 1881/82 gebaut und 1911 erweitert.
Schon im letzten Jahrzehnt des 19. Jahrhunderts ließen sich wohlhabende Frankfurter Familien in Mammolshain nieder und bauten ihre Villen. 1910 kam das elektrische Licht ins Dorf. Es ging also aufwärts, bis der Erste Weltkrieg die wirtschaftliche Weiterentwicklung unterbrach. Dennoch hatte das Dorf 1918 bereits 500 Einwohner.
Dem verlorenen Krieg folgten Inflation, Arbeitslosigkeit und Weltwirtschaftskrise. „Die Jahre während der Weimarer Republik waren hart und schwer", schreibt Pfarrer Bruno. „Dennoch blühten die Vereine, und das kirchliche Leben äußerte sich in kräftigen Impulsen." Von 1927 an

entstand die große Klinik „Mammolshöhe" für tuberkulöse Kinder und Jugendliche auf dem Gelände einer einstigen Frankfurter Villa. Diese Klinik konnte 1981 geschlossen werden. Weiter besteht das Fortbildungszentrum des Landeswohlfahrtsverbandes Hessen. 1975 gegründet, veranstaltet es Kurse für 50 Teilnehmer, Ärzte, Psychologen, Krankenpfleger und andere Mitarbeiter des Verbandes, der ja ein großes Arbeitsgebiet im ganzen Lande hat.

Der Nationalsozialismus vermochte in Mammolshain nie richtig Fuß zu fassen. Die katholische Tradition des Dorfes stand dem entgegen. Es gab die üblichen Schikanen bis hin zu Verboten und zur Auflösung konfessioneller Vereine. Der Zweite Weltkrieg forderte seine Opfer an der Front, aber auch bei einem Luftangriff am 2. Februar 1945.

Nach Kriegsende vermehrten Flüchtlinge und Heimatvertriebene die Zahl der Ausgebombten aus den Kriegsjahren. Es gab wie überall viele menschliche und wirtschaftliche Nöte. 1949 zählte Mammolshain schon 896 Einwohner.

Immerhin wurde bereits 1948 die neue St. Michaelskirche geweiht. Sie erhielt 1960 vier Glocken. Bis 1968 stand sie auch den evangelischen Christen für ihre Gottesdienste zur Verfügung. Dann konnten diese ebenfalls eine neuerbaute eigene Kirche beziehen.

Im Mai 1950 bildete sich eine neue katholische Schwesternschaft mit dem „Opus spiritus sancti". Die ehemalige Villa Blaschek, im Dritten Reich Gauschulungsburg der N. S. Frauenschaft, nebst dem neuen „Seminar für Seelsorgehilfe und Katechese" wurde zum Zentrum einer internationalen religiösen Bewegung, die heute in Nordamerika, Afrika und Südindien sehr aktiv tätig ist.

1954 hatte Mammolshain mit 1099 Einwohnern die Tausend-Grenze überschritten. 1956/57 erhielt es das erste Dorfgemeinschaftshaus im Obertaunuskreis. 1957 entstand ein katholisches Gemeindehaus. 1958 wurde ein Schulpavillon gebaut. 1959 wurde der Sportplatz erweitert. Im gleichen Jahr entstanden allein 32 Einfamilienhäuser, denen seither zahlreiche weitere folgten. 1961 wurde die Zahl von 1586 Einwohnern erreicht, und 1982 stellte man 1757 Einwohner in 472 Haushaltungen fest. Seit dem Ende des Schuljahres 1965/66 besuchen die größeren Schüler die Königsteiner Haupt- und Realschule; nur die Grundschule ist im Dorf verblieben.

Im Verlauf der hessischen Gemeindereform wurde Mammolshain ein Stadtteil Königsteins. „Das wurde", so heißt es in Brunos Buch, „von einem großen Teil der Bevölkerung bedauert. Doch das Rad der Geschichte ist nie zurückzudrehen. Als Stadtteil einer mittelgroßen Stadt mit zusammen etwa 18000 Einwohnern muß die Bevölkerung Mammols-

hains jetzt in dem neuen Gemeinwesen mitarbeiten, ohne ihre Identität zu verlieren." Dies hat sie seither auch getan, und ihre alten Traditionen sind weiterhin lebendig.
Nennen wir zum Schluß noch zwei Mammolshainer „Spezialitäten". Das eine Charakteristikum sind die „Keste", die Edelkastanien, die seit Jahrhunderten im Vordertaunus heimisch und in der Mammolshainer Gemarkung zahlreich vorhanden sind. 1931 zählte man 640 Bäume; heute werden es einige weniger sein. Ihre Blüten strömen im Juni/Juli einen einzigartigen herben Duft aus. Die braunen Früchte in ihren stacheligen Schalen waren einst sehr begehrt, bildeten im Herbst und Winter ein nahrhaftes „Zubrot", wurden aber auch nach Frankfurt und in andere Städte verkauft, bis die italienischen Maronen als Konkurrenz hereinkamen. Auch heute werden sie noch gern gesammelt, und die Kastanienbäume gehören ganz selbstverständlich ins Landschaftsbild, müssen gepflegt und geschützt werden.
Das zweite Charakteristikum ist der Mammolshainer Stein, Serezitgneis, der nach Bruno „dem schwedischen Granit an Härte und Wetterfestigkeit nicht nachsteht". Früher gab es mehrere Brüche, jetzt ist nur noch einer im Mönchwald offen. Wie schön dieser Mammolshainer Stein ist, zeigt die St. Michaelskirche. Selbst der Altarstein, geschliffen und poliert, besteht aus diesem Geschenk der Mutter Erde an das alte Dorf, das auch als Stadtteil sich selbst treu bleiben will und wird.

Ältester Abdruck des Gemeindesiegels von Mammolshain aus dem Jahre 1696

Kleiner Literaturhinweis:

Handbuch der historischen Stätten Deutschlands, Band 4: Hessen, Band 5: Rheinland-Pfalz und Saarland; Stuttgart, 1960 und 1959. Georg Dehio, Handbuch der Deutschen Kunstdenkmäler: Hessen, bearbeitet von Magnus Backes; München, 1982. Anton Friedrich Büsching, Erdbeschreibung, 7. Teil, 7. rechtmäßige Ausgabe; Hamburg, 1790. Königstein in Vergangenheit und Gegenwart. Aus Anlaß der 650-Jahr-Feier der Verleihung der Stadtrechte herausgegeben von der Stadtverwaltung Königstein/Taunus; Selbstverlag, Königstein 1963. Otto Stamm, Die Herrschaft Königstein. Ihre Verfassung und Geschichte; Dissertation, Frankfurt, 1952 bzw. 1972. Königstein, die Perle des Taunus. Herausgegeben von der städtischen Kurverwaltung; Königstein, o.J. (um 1914). Die Festung Königstein im Taunus. Kurze Geschichte der Stadt und Burg Königstein und Beschreibung der Burgruine. Herausgegeben vom Verein für Heimatkunde, Königstein, 1981. Rudolf Krönke, Urgut und Funde der Festung Königstein im Taunus; Königstein 1962. Rudolf Krönke, Königstein im Taunus. Illustrierter Führer durch die Geschichte und Gegenwart der Festungsruine und Stadt Königstein; Königstein, 1966. Georg Piepenbring, Geschichte des Kugelhauses zu Königstein im Taunus; Mainz, 1900. Beschreibung und Geschichte der Pfarrkirche und Pfarrgemeinde von der Himmelfahrt Mariens zu Königstein im Taunus. Herausgegeben von Hans Usinger; Königstein o. J. (nach 1951). Sankt Marien, Königstein. Herausgegeben vom katholischen Pfarramt, Königstein, 1956. Hans Becker, Die Königsteiner Madonna. Sonderdruck aus „Heimatliche Geschichtsblätter"; Königstein 1953. Hans Becker, Die Säkularisation des Kapuzinerklosters in Königstein 1813; Sonderdruck aus dem „Archiv für mittelrheinische Kirchengeschichte", 9. Jahrgang 1957. Hans Becker, Die Kapuziner in Königstein 1646–1813; Sonderdruck aus „Heimatliche Geschichtsblätter", Königstein, Heft 4, 1957. A. Korf, Beiträge zur Geschichte der evangelischen Gemeinde in Königstein im Taunus; Annalen des Vereins für Nassauische Altertumskunde und Geschichtsforschung, 34. Band, Wiesbaden, 1904. Die evangelischen Kirchen zu Königstein, Schneidhain und Falkenstein im Taunus. Zusammengestellt und herausgegeben von Pfarrer Maximilian C. Frhr. von Heyl in Zusammenarbeit mit Dr. Dr. Friedrich Avemarie; Königstein, 1965. Geschichte des alten Klostergutes Rettershof, gegründet 1146. Besitzer: Felix Ludwig v. Richter-Rettershof und Frau Hertha geb. vom Rath; Königstein o. J. (nach 1950). Karl Christ. Eigenbrodt, Diplomatische Geschichte der Dynasten von Falkenstein, Herren von und zu Münzenberg. Archiv für hess. Geschichte und Altertumskunde, Band 1; Darmstadt, 1835. Theodor Schüler, Falkenstein am Taunus als Einzelstaat. „Alt-Nassau". Blätter für nassauische Geschichte und Kultur-Geschichte, Freibeilage zum Wiesbadener Tagblatt, Jahrgang 1900. Wilhelm Hasselbach, Burg Falkenstein/Taunus, Beschreibung und geschichtlicher Rückblick; Königstein, 1962. Wilhelm Hasselbach, Falkenstein/Taunus – Land und Leute; Königstein, 1962. Die Limburger Chronik. Eingeleitet von Otto H. Brandt; Jena 1922. Georg Piepenbring, Das 700-jährige Bestehen von Schneidhain im Taunus. Taunus-Zeitung, 1923. Otto Raven, Zur Geschichte von Schneidhain. Königsteiner Geschichtsblätter 1978, Heft 8. Kelkheim im Taunus. Beiträge zur Geschichte seiner Stadtteile, 1980, darin Beitrag von H. Bock über Retters und Rettershof. Karl-Wilhelm Bruno, Mammolshain. Königsteins Fenster nach Süden; Frankfurt a. M., 1975 und Besprechung von W.-H. Struck in Nassauische Annalen, 87. Band, 1976.
Weitere Spezialliteratur findet der Leser nachgewiesen in Karl E. Demandt, Schrifttum zur Geschichte und geschichtlichen Landeskunde von Hessen, 3 Bände, Selbstverlag der Historischen Kommission für Nassau, Wiesbaden, 1965.

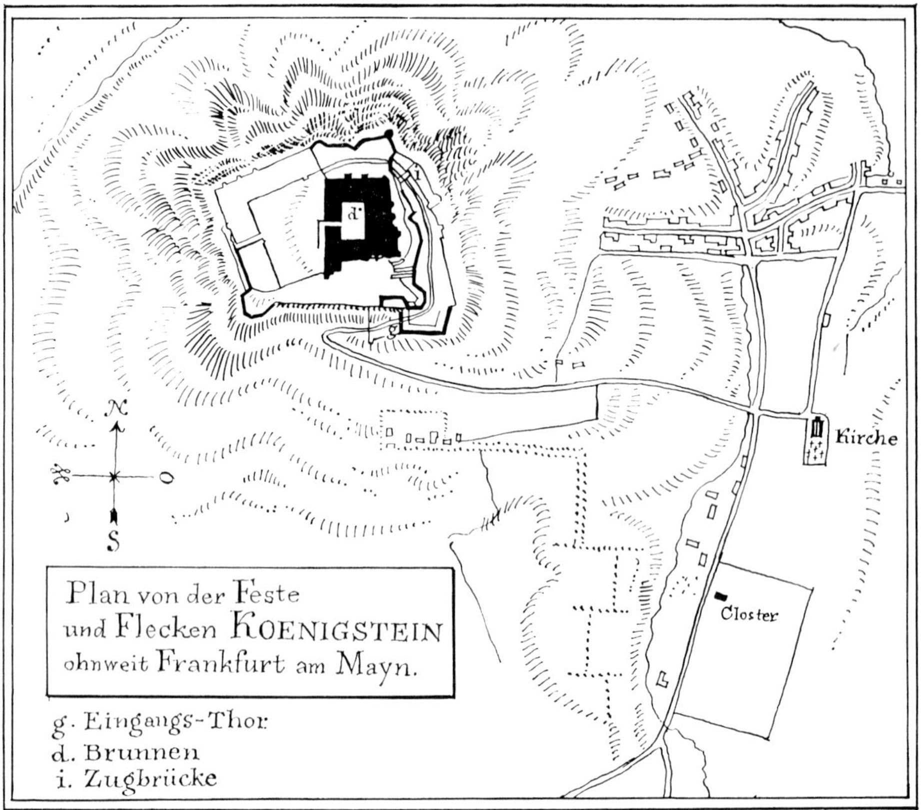
Plan von der Feste
und Flecken KOENIGSTEIN
ohnweit Frankfurt am Mayn.
g. Eingangs-Thor
d. Brunnen
i. Zugbrücke
Kirche
Closter
d
N
S
O

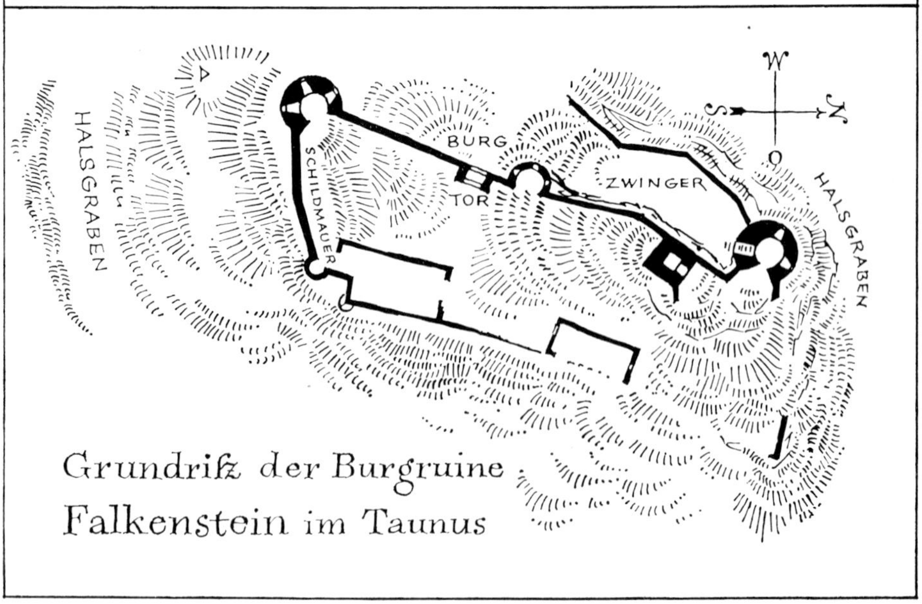
Grundriß der Burgruine
Falkenstein im Taunus
HALSGRABEN
SCHILDMAUER
BURG
TOR
ZWINGER
HALSGRABEN
W
S
N
O

Bildteil

Festung Königstein

Königstein · Gesamtansicht

H. M. Grape, Falkenstein und Königstein, um 1820 (nach Anton Radl)

Evangelische Imanuelkirche

Kurhaus-Eingang

Kurhaus

Zwischen dem Alten Rathaus und St. Marien

Ehemalige Villa Andreae

Kurhotel Sonnenhof, ehemals Villa Rothschild

Kurbad Königstein

„Haus Königstein“, Schulungs- und Erholungsheim der Gewerkschaft der Eisenbahner Deutschlands

Klinik der Krankenversorgung der Bundesbahnbeamten

Blick zum Feldberg

Denkmal für Herzog Adolph von Nassau

Blick in das Stadtmuseum im alten Rathaus

Königstein bei Nacht

Eingang zum Kellergewölbe des Bettendorfschen Hauses

Inneres von St. Marien

Die Königsteiner Madonna

Epitaph des Johann von Hattstein in St. Marien

Epitaph des Johann Dietrich (Theodor) von Rosenbach

Wappen des Mainzer Kurfürsten Johann Schweikart von Cronberg (am Amtsgericht)

 Wappen des Mainzer Kurfürsten Lothar Franz von Schönborn (am Amtsgericht)

Amtsgericht

Gotik im Alten Rathaus

Das Alte Rathaus im Jahre 1968

Schönborn-Wappen vom Eingangstor zur Festung Königstein

Der „Helle Bogen"

Festung und Imanuelkirche

Burghof mit Brunnen

Schloßküche

Stadt und Festung Königstein, Stahlstich von Lange (um 1850)

Steinerne Wucht, noch im Zerfall

Die „Kutsche“

Beschießung Königsteins durch die Preußen im Dezember 1792. Zeitgenössische Gouache

Die Stadt nach dem Wiederaufbau

Historische Platten und Steine im Durchgang des alten Rathauses

Königsteiner Burgfest

Privatklinik Amelung

Anton Radl, Taunuslandschaft (Königstein und Falkenstein)

Gemälde im Hessischen Landesmuseum, Darmstadt

102 Tumba des Trierer Erzbischofs Cuno von Falkenstein in St. Kastor zu Koblenz

Tumba des Trierer Erzbischofs Werner von Königstein
– als Werner III. von Falkenstein der Letzte seines Geschlechts –
in St. Kastor zu Koblenz

Anton Radl, Ruine Falkenstein. Gemälde im Hessischen Landesmuseum, Darmstadt

J. Fr. Usener, Burg Falkenstein 1836, Historisches Museum, Frankfurt am Main

Burg Falkenstein heute

Das alte Falkensteiner Rathaus, jetzt Stadtarchiv

Schießscharte auf Burg Falkenstein

Flankierendes Ecktürmchen

Sturm auf Falkenstein 1797. Gouache von Urlaub. Historisches Museum Frankfurt a. M.

Von der alten katholischen Kirche blieb nur der Turm erhalten

Martin-Luther-Kirche, Falkenstein

Taunusklinik Falkenstein des Landeswohlfahrtsverbandes Hessen

Altes und neues Bauen am Hang des Burgbergs

Blick auf den alten Falkensteiner Kirchturm

Hessische Erwachsenenbildungsstätte Falkenstein

Die Wahrzeichen Falkensteins – zwei Türme aus zwei Zeitaltern

Blick über die Helbigshainer Wiesen nach Falkenstein

Kirche und Burg vor 1900

Der Falkensteiner jüdische Friedhof

Blick auf Schneidhain von der Wiesbadener Straße aus

Die alte Schneidhainer Dorflinde mit Gasthaus

Die alte Schneidhainer Kirche, jetzt evangelisches Gotteshaus

Die katholische Kirche Schneidhains, erbaut nach dem Zweiten Weltkrieg

Mach' es wie die Sonnenuhr, zahl' die heitern Stunden nur
Der Mensch erfährt
er sei auch wer er
ein letztes Gluck
und einen letzten Tag.

Rettershof

Hans Thoma: Mammolshain. Um 1891

Blick vom Wiesenhof auf Kronthaler Straße und Altkönig

Blick auf St. Michael

Die Mammolshainer evangelische Kirche

Barockmadonna in St. Michael, früher im Königsteiner Kapuzinerkloster

Jakob Fürchtegott Dielmann (1809–1885): Ortsstraße in Mammolshain

Der Kirchenpatron St. Michael über dem Portal

Haus B der Mammolshöhe

Kurhaus Kronthal. Nach dem Ersten Weltkrieg abgerissen

Das Seminar des Heilig-Geist-Werkes

Der untere Mammolshainer Gemeinde-Steinbruch